뿐 아니라 폭염과 폭설, 극심한 가뭄과 홍수 같은 기후 재앙이 대중의 두려움을 더욱 가중시키고 있습니다.

현대 사회를 지배하는 불안은 치열한 경쟁 속에서 비롯된 실패에 대한 두려움, 필요를 충족하지 못할 것이라는 염려, 앞서가는 이들에게 뒤처질지 모른다는 공포 등 다양한 형태로 나타나고 있습니다. 이러한 불안은 희망을 짓누르고 사회 전체를 위축시키며, 특히 젊은 세대에게 큰 영향을 미치고 있습니다. 오늘날 삶을 포기하는 청년들이 증가하는 이유도 이런 불안과 밀접한 관련이 있습니다. 《피로사회》를 출간했던 철학자 한병철은 이를 '불안 사회'로 정의하며, 불안이 사람의 시야를 좁히고 가능성과 희망을 차단한다고 지적합니다.

이런 시대적 상황 속에서 우리가 해야 할 가장 중요한 일은 금식하며 기도하는 것입니다. 금식기도는 변치 않는 소망이신 하나님께 우리의 마음을 온전히 드리는 예배의 행위입니다. 불안과 두려움에 잠식된 사회를 치유할 수 있는 유일한 길은 예수 그리스도 안에서 참된 소망을 찾는 것입니다. 성경 속 다니엘은 바벨론에서 포로로 살면서 금식과 기도를 통해 불안을 이기고 하나님의 뜻에 응답하는 삶을 살았습니다. 그는 무력이나 폭력이 아닌 '살아 있는 기도'로 당대의 부정적인 상황에 맞섰습니다.

한편, 성경적 성 정체성과 가정에 대한 위기도 계속되고 있습니다. 2024년 7월, 생활동반자법 판결 이후 동성결혼 법제화 논의는 다양한 형태로 계속되고 있습니다. 지난 10월 27일, 한국 교회는 교회와 가정, 광장에서 한마음으로 거룩한 나라를 세우기 위해 기도했습니다. 그러나 최근 저출산 문제를 이유로 생활동반자법과 비혼 출산을 장려하자는 어느 의원의 주장은 하나님이 설계하신 건강한 가정을 왜곡하는 결과를 초래할 수 있습니다. 아빠와 엄마로 구성된 가정이 아이들에게 가장 적합한 양육 환경임을 잊어서는 안 됩니다.

뿐만 아니라 교회도 점점 세속화되고 있습니다. 짐 데이비스와 라이언 버지의 《탈기독교시대 교회》(The Great Dechurching, 두란노)에 따르면, 미국은 역사상 가장 크고 빠른 종교적 변화를 겪고 있습니다. 대각성 운동과 빌리 그레이엄의 십자군 운동(빌리 그레이엄 목사의 전도집회 및 전도활동을 지칭함)으로 교회에 모인 사람들보다 지난 25년 동안 교회를 떠난 사람들이 더 많습니다. 한국 교회 또한 세속화와 영적 침체의 도전에 직면해 있습니다. 이러한 시대에 교회가 회복될 수 있는 길은 금식하며 하나님 앞에 나아가는 것입니다.

선한목자교회는 2023년 연말과 2024년 연초에 전 교인이 함께 참여한 '다니엘 21일 금식기도회'를 통해 회개의 기도와 새 출발을 다짐했습니다. 많은 성도들이 금식기도에 동참하여 하나님의 은혜를 경험했고, 2024년 한 해를 충만한 은혜 가운데 보낼 수 있었습니다. 이제 우리는 다시금 2025년 새해를 맞이하며, 절망적인 상황 속에서도 하나님께 희망을 두고 금식과 기도를 통해 하나님의 뜻을 구해야 할 때입니다.

마치 요셉의 7년 흉년과 같은 시기를 맞이한 것처럼 보이지만, 하나님께서 요셉과 그의 가족을 지키신 것처럼 하나님께서 우리를 붙들어주실 것입니다. 다니엘이 금식하며 기도할 때 황폐했던 나라가 회복되었던 것처럼, 이 책을 통해 한국과 열방의 그리스도인들이 금식과 기도로 경제적, 영적 기근을 이겨내고, 침체된 교회와 영혼이 회복되는 데 도움을 얻기를 소망합니다.

이 책이 출간되기까지 기도와 격려를 아끼지 않으신 규장의 여진구 대표를 비롯하여 선한목자교회의 모든 동역자들, 중보기도자들에게 감사드리며, 모든 영광을 하나님께 올려드립니다.

김다위

그러므로 너희 죄를 서로 고백하며 병이 낫기를 위하여 서로 기도하라
의인의 간구는 역사하는 힘이 큼이니라

약 5:16

이 책의 활용법

'다니엘 21일 금식기도'를 작정하셨다면 이 책을 이렇게 활용해주세요

1 금식의 종류를 결정합니다. 온전한 금식, 선택적 금식, 부분적 금식, 미디어 금식 등
  (71p 참조) 무엇을 금하며 하나님께 더 집중하여 나아가 기도할 것인지를 먼저 정합
  니다.

2 개인적으로 작정하여 언제든 금식하며 기도할 수 있지만, 신년을 맞이하여, 작정기
  도, 특별새벽기도, 배우자나 자녀, 가정의 회복을 위한 중보기도로, 한 시간 기도로
  도 이 책을 활용할 수 있습니다.

3 21일간 다니엘 기도를 하실 때 매일 말씀 묵상과 오늘의 기도를 읽습니다. 나의 기
  도, 나라와 민족, 열방을 위한 기도제목을 자유롭게 적어서 기도합니다. 예수동행기
  도(www.praywithjesus.org)에 업데이트되는 나라와 민족을 위한 기도, 매일합심기도
  의 제목을 참고하여 기도하셔도 좋습니다.

4 정한 방법대로 금식하고 회개하며 기도할 때 주님의 음성에 귀를 기울여, 주시는 마
  음과 생각을 기록해가며 그 기도제목을 붙들고 기도하시기 바랍니다. 좀 더 구체적
  으로 무엇을 어떻게 하기 원하시는지 깨달아진 바가 있다면 말씀에 순종할 것을 결
  단하는 내용을 기록해보아도 좋습니다.

5 다니엘 21일 기도는 3주간 계속되기 때문에 'Weekly Prayer List'를 통해 매일 금식
  과 기도생활을 점검하며 기도할 수 있습니다.

6 다니엘 21일 금식기도를 마친 분들은 부록에 제시된 추가 가이드(216p)를 참고하여
  재차 금식기도를 이어갈 수 있습니다.

01 긍휼을 구함 1

본문 다니엘 9:3-6

³ 내가 금식하며 베옷을 입고 재를 덮어쓰고 주 하나님께 기도하며 간구하기를 결심하고
⁴ 내 하나님 여호와께 기도하며 자복하여 이르기를 크시고 두려워할 주 하나님, 주를 사랑하고 주의 계명을 지키는 자를 위하여 언약을 지키시고 그에게 인자를 베푸시는 이시여
⁵ 우리는 이미 범죄하여 패역하며 행악하며 반역하여 주의 법도와 규례를 떠났사오며
⁶ 우리가 또 주의 종 선지자들이 주의 이름으로 우리의 왕들과 우리의 고관과 조상들과 온 국민에게 말씀한 것을 듣지 아니하였나이다

묵상

다니엘은 바벨론 제국이 하루아침에 무너지는 모습을 눈앞에서 보았습니다. 그러나 페르시아(바사)가 나라를 집권하게 된 이후에도 여전히 유대인들은 포로기를 벗어나지 못하고 있었습니다.
다니엘은 그런 상황에서 거룩한 책 중에서도 특별히 예레미야 말씀을 연구하고 있었는데 포로기 70년 기간이 있음을 알게 됩니다. 그래서 다니엘은 약속의 말씀을 붙잡고 기도하는데 금식하며 기도합니다(단 9:3).
금식은 하나님께 더 친밀하게 나아가고자 하기 위한 수단입니다. 금식은 하나님께만 전적으로 의존한다는 고백입니다. 다니엘은 금식기도를 통해 약속의 말씀을 이루시기를, 나라와 민족을 위해 간절히 기도하고 있습니다.
특별히 다니엘 9장의 금식기도는 회개하며 긍휼을 구하는 기도입니다. 9장에 나타난 다니엘의 기도의 핵심은 '회개 및 긍휼을 구함'이었습니다. 다니엘은 누군가의 죄를 지적하지 않고, 조상들과 다른 이들의 죄까지도 자신

도자들이 하나님의 말씀에 불순종하고 듣지 않은 죄 역시 '우리의 죄'라고 여기고 회개하고 있습니다. 9장에서 다니엘의 기도가 다루고 있는 16개의 구절 중에서 12개의 구절이 죄를 고백하는데 '그들의' 죄가 아니라 '우리의' 죄임을 고백합니다.
부흥은 '회개'에서 시작됩니다. 그러나 그 회개는 나로부터, 우리로부터 시작되어야 합니다. '그들의 죄가 아니라 '우리의 죄'입니다. 부흥을 가로막는 장애물은 다름이 아니라 너의 죄, 나의 죄를 구분하고, 그들의 죄와 우리의 죄를 구분하기 때문은 아닐까요?
다니엘은 남편의 죄, 아내의 죄, 자녀들의 죄, 지도자들의 죄를 따로 구분하지 않았습니다. 오히려 그것이 우리의 반역이나 패역이었음을 진심으로 고백하고 회개하면서, 인자를 베푸시는 하나님께 자비를 간구하고 있습니다. 여기서 '인자'는 히브리어로 '헤세드'인데 "포기하지 않는 사랑(unfailing love)"을 의미합니다.
지금 다니엘은 인자와 긍휼을 베푸시는 하나님의 성품에 의지하여 기도하고 있습니다. 우리도 하나님의 인자하심, 십자가의 은혜를 붙잡고 기도할 때 하나님께서 우리의 죄를 사하여주실 것입니다.

우리가 붙잡아야 할 '약속의 말씀'은 무엇입니까?
우리가 회개해야 할 '나의 죄악'들은 무엇입니까?
우리가 '우리의 죄'라고 품고 기도해야 할 죄악은 무엇입니까?

구체적으로 회개해야 할 나의 죄들을 적어보십시오. 오늘, 온종일 혹은 부분적으로 금식하며 하나님께 회개합시다. 인자를 베푸시는 하나님께 긍휼을 부어달라고 기도합시다.

오늘의 기도

주님, 우리의 죄를 고백하며 다니엘처럼 회개의 자리로 나아갑니다. 주의 인자와 긍휼로 우리를 용서하시고, 부흥의 은혜를 다시 한번 허락하여주소서.

Day 1 나의 기도

금식 방법

금식이 어려운 일반적인 경우, 하루 중 한 끼 혹은 두 끼를 금식하고 그 시간을 기도하며 말씀을 묵상하는 시간으로 삼으면 됩니다.

Day 1 나라와 민족을 위한 기도

하나님, 시대가 변해도 변하지 않는 교회의 역할과 함께 시대의 요청에 반응하는 지혜와 추진력을 주소서. 고령화 사회로 진입한 한국에서 교회도 젊은 일꾼들이 줄어가는 이 시대에 노인세대도 돌봄의 대상이 아닌 일꾼으로 재헌신하게 하소서.

– 예수동행기도 홈페이지, 나라와 민족을 위한 기도에서 발췌.

Day 1 열방을 위한 기도

무엇보다 분쟁, 기후 위기로 가장 큰 어려움을 겪는 어린이, 여성, 노인, 장애우, 실향민, 빈민 등 취약한 사람들을 보호하시고 위로하여 주소서. 지역교회와 기독교 단체가 하나님 아버지의 손과 발이 되도록 전 세계 교회가 지원하게 하소서.

– 예수동행기도 홈페이지, 열방을 위한 기도에서 발췌.

Weekly Prayer List

자신과 금식으로 어떤 한 주간을 준비하며 일주일 동안의 기도제목을 기록하며 기도 메시지에 적어 봅니다.

HOWBEIT THIS KIND GOETH NOT OUT BUT BY PRAYER AND FASTING. M 17:21 KJV

Day 1	Day 2	Day 3

프롤로그

이 책의 활용법

왜 다니엘 21일 금식기도인가? · 12

금식의 신체적 유익 · 16

금식, 하나님과 동행하기 위한 은혜의 수단 · 20

예수님의 금식에 대한 가르침 · 26

안디옥교회의 금식 · 36

다니엘의 능력 있는 기도의 6가지 특징 · 40

금식기도 1일차 · 78

금식기도 2일차 · 84

금식기도 3일차 · 90

금식기도 4일차 · 96

금식기도 5일차 · 104

금식기도 6일차 · 110

금식기도 7일차 · 116

금식기도 8일차 · 124

금식기도 9일차 · 130

금식기도 10일차 · 136

금식기도 11일차 · 144

금식기도 12일차 · 150

금식기도 13일차 · 156

금식기도 14일차 · 162

금식기도 15일차 · 170

금식기도 16일차 · 176

금식기도 17일차 · 182

금식기도 18일차 · 188

금식기도 19일차 · 196

금식기도 20일차 · 202

금식기도 21일차 · 208

부록 1 다니엘 21일 금식기도 추가 가이드 · 216

A세트 개인을 위한 21일 금식기도 가이드

B세트 부부와 자녀, 가정의 회복을 위한 21일 금식기도 가이드

C세트 청년을 위한 21일 금식기도 가이드

부록 2 성공적인 금식과 기도를 위한 7가지 기본 단계 · 248

2023년 7월, 교회의 배려로 연구 달을 보내며 다니엘서를 묵상하고 연구하며 기도했습니다. 그때 다니엘서 9장과 10장에서 다니엘이 금식하며 기도하는 부분에 주목했습니다. 다니엘이 나라와 민족을 얼마나 깊이 생각하며 애통해했는지, 금식하며 베옷을 입고 재 위에 앉아 기도하는 모습을 상상해보았습니다.

그의 기도는 하나님께 온전히 헌신한 기도였습니다. 하나님을 믿었던 다니엘에게 매우 적대적이었던 환경 속에서, 다니엘의 기도는 어떤 장애물도 뛰어넘어 하늘을 움직이고 나라를 변화시키는 힘이었습니다.

나라가 위기에 처했을 때, 다니엘은 금식하며 하나님 앞에 엎드렸습니다. 그는 나라를 대신하여 하나님께 간청하는 믿음의 사람이었습니다. 남유다는 하나님의 심판 아래 있었고, 바벨론에 이어 여전히 페르시아의 지배를 받고 있었습니다. 하나님은 많은 선지자를 통해 회개하지 않으면 심판이 임할 것이라고 여러 차례 경고하셨습니다. 북이스라엘은 이 경고에도 불구하고 우상숭배에서 돌이키지 않았고, 결국 앗수르에 의해 멸망했습니다(BC 722). 안타깝게도 남유다 역시 같은 길을 걸어 멸망에 이르렀습니다.

정체성을 지켜내는 다니엘의 기도

다니엘서 1장 1절의 배경은 주전 605년경으로, 고대 근동의 정세가 크게 변하던 시기였습니다.

> 유다의 여호야김 왕이 왕위에 오른 지 삼 년이 되는 해에, 바빌로니아의 느부갓네살 왕이 예루살렘으로 쳐들어와서 성을 포위하였다. 단 1:1 새번역

그 지역의 전통 강자인 이집트(애굽)는 약해지고, 주전 722년 북이스라엘을 멸망시킨 앗수르도 점차 몰락하고 있었습니다. 대신 바벨론이 느부갓네살 2세라는 젊은 왕의 리더십 아래 강자로 떠올랐습니다.

주전 605년경, 1절 말씀에 나오는 '유다의 여호야김 왕이 왕위에 오른 지 3년'이 되는 해에 느부갓네살은 갈그미스 전투에서 이집트를 격퇴합니다. 이후 바벨론은 고대 근동의 패권을 잡게 됩니다. 그 기세로 예루살렘에 쳐들어가 소수의 포로를 바벨론으로 끌고 갑니다. 이것이 1절의 내용입니다. 그는 예루살렘을 포위했습니다.

> 주님께서 유다의 여호야김 왕과 하나님의 성전 기물 가운데서 일부를 느부갓네살의 손에 넘겨주셨다. 그는 그것들을 바빌로니아 땅, 자기가 섬기는 신의 신전으로 가지고 가서 그 신의 보물 창고에 넣어 두었다. 단 1:2 새번역

이 사건은 남유다에게 큰 굴욕이었습니다. 하나님의 성전에 있던 기물들이 바벨론 신의 보물 창고로 옮겨졌습니다. 이는 "바벨론 신이 유다의 하

나님을 이겼다"라는 뜻으로 해석될 수 있었습니다. 3절에는 이스라엘 자손 중 왕족과 귀족이 바벨론으로 끌려갔다는 내용이 나옵니다. 이것이 바로 바벨론 1차 유배입니다. 이때 다니엘과 세 친구도 함께 끌려갔습니다.

하나님은 느부갓네살을 통해 예루살렘을 무너뜨리셨고, 남유다 백성들은 네 차례에 걸쳐 바벨론에 포로로 끌려갔습니다. 다니엘은 당시 약 15세 전후의 청소년이었습니다. 어린 나이에 포로가 되었으니 얼마나 절망적이었겠습니까? 그러나 그는 뜻을 정하고 왕의 음식을 거부하며 하나님의 말씀대로 살았습니다. 하나님의 은혜로 총리라는 국가 지도자로 세워졌습니다.

그는 기도의 능력을 아는 사람이었습니다. 위기 때마다 기도하며 하나님의 뜻과 은혜를 구했습니다. 왕의 명령으로 죽임을 당할 위기에 처했을 때도 세 친구들과 함께 기도했습니다. 기도를 금지하는 법이 시행되었을 때도 다니엘은 하루 세 번 하나님께 감사하며 기도했습니다. 그는 예레미야서의 예언대로 바벨론 포로 기간이 70년임을 믿고 간절히 기도했습니다. 하나님은 약속대로 그의 기도에 응답하시고 유다 백성을 본국으로 돌아가게 하셨습니다.

전 교인과 함께 금식기도를 시작하라

다니엘이 바벨론과 페르시아에서 신앙 정체성을 잃지 않을 수 있었던 비결은 바로 '기도'였습니다. 그는 말씀과 기도로 늘 하나님과 동행한 믿음의 사람이었습니다. 다니엘처럼 나라의 영적 회복과 부흥을 위해 기도할 사람이 이제는 일어나야 합니다.

제가 다니엘서를 묵상하며 기도하던 중, 하나님께서는 "전 교인이 함께 금식기도를 시작하라"는 마음을 주셨습니다. 제가 섬기는 교회는 지금까지 화요중보기도회, 말씀기도회, 매일합심기도, 온라인 기도의 집 등을 통해 하나님나라를 구하는 기도를 이어왔습니다. 그러나 하나님은 성도들이 금식기도를 통해 더 깊이 하나님께 나아가길 원하셨습니다.

이에 따라 2023년 연말과 2024년 초, 자원하는 성도들이 두 차례 '다니엘 21일 금식기도'에 참여했습니다. 그 결과 하나님은 성도들의 기도에 응답하셔서 나라의 영적, 경제적, 정치적 위기를 막아주셨습니다. 특히 포괄적 차별금지법이 통과되지 않도록 막아주신 은혜가 있었습니다.

그러나 아직 끝나지 않았습니다. 여전히 영적으로 무너진 사람들, 깨어진 가정, 음란과 게임, 스마트폰 중독에 빠진 다음 세대, 그리고 코로나19 이후 예배와 소그룹이 회복되지 못한 교회들이 많습니다.

우크라이나-러시아 전쟁과 중동 분쟁도 계속되고 있으며, 북한과 러시아의 동맹은 한반도 평화에 심각한 위협이 되고 있습니다. 한반도의 진정한 평화는 오직 복음으로만 가능하며, 그리스도인들은 복음 통일을 위해 다니엘처럼 깨어 금식하며 기도해야 합니다. 이것이 이 책을 집필하게 된 이유입니다.

금식의 영적 유익을 나누기에 앞서 금식에는 신체적 유익도 있음을 알아야 합니다.

저속하고 헛된 꾸며낸 이야기들을 물리치십시오. 경건함에 이르도록 몸을 훈련하십시오 몸의 훈련은 약간의 유익이 있으나, 경건 훈련은 모든 면에 유익하니, 이 세상과 장차 올 세상의 생명을 약속해 줍니다. 딤전 4:7-8 새번역

성경은 경건에 이르도록 몸을 훈련하라고 명령하는데, 몸의 훈련에는 약간의 유익이 있습니다. 여기서 말하는 '약간의 유익'(some value, NIV)은 건강한 음식 섭취와 운동이 가져다주는 '건강의 유익'을 의미합니다. '약간의 유익'이라고 했지만, 오늘날 육신의 건강을 위해 정기적으로 근력 운동과 유산소 운동을 해야 한다는 사실은 아무리 강조해도 지나치지 않습니다. 건강한 육신에 바른 정신이 깃들기 마련입니다. 하나님이 거하시는 성전인 육신을 제대로 관리하지 않고서는 성령의 충만함을 유지하기가 어렵습니다.

디모데전서 4장 6절에는 믿음의 말씀과 좋은 교훈으로 양육을 받아야

만 그리스도 예수의 좋은 일꾼이 된다고 했습니다. 건강한 영의 양식을 먹어야 하나님을 경외하는 자, 즉 경건함에 이를 수 있다는 뜻입니다. 이 말씀이 암묵적으로 의미하는 뜻이 바로 '금식'입니다. 왜냐하면 믿음의 말씀, 곧 하나님의 말씀을 먹는 훈련을 하려면 "사람이 떡으로만 살 것이 아니요 하나님의 입으로부터 나오는 모든 말씀으로 살 것이라"(마 4:4)는 말씀을 실제로 훈련받아야 하기 때문입니다. 예수님이 이 말씀을 하실 때는 사십일을 밤낮으로 금식하신 후였습니다. 즉 금식은 오직 하나님만 갈망하게 하는 은혜의 수단이며 동시에 육신의 독소를 해독하는 유익을 줍니다.

다니엘의 단식과 금식

일정 기간 동안 음식 섭취를 제한하는 단식이 신체적 건강에 주는 유익은 결코 적지 않습니다. 의학이 발전하였지만, 여전히 현대인들이 겪고 있는 수많은 질병들이 있습니다. 비만, 제2형 당뇨병, 고콜레스테롤, 고혈압과 같은 대사성 질환입니다. 쉽게 말해 대사증후군이라고 합니다. 이러한 질환이 발생하면 뇌졸중과 심장 질환, 암 등 조기 사망의 위험이 매우 높아진다고 합니다. 《독소를 비우는 몸》의 저자 제이슨 펑은 "대사증후군의 근본 원인은 과한 당분, 액상과당, 인공향료, 인공감미료, 정제 곡물에 지나치게 의존하는 서구식 식단에 있다"고 주장합니다. 더불어 이러한 식단이 가져다주는 폐해는 바로 인슐린 수치의 증가입니다. 인슐린 수치가 증가하여 높은 인슐린 저항성을 갖게 되면 다음과 같은 여러 질환의 원인이 됩니다.

□ 심장 질환	□ 뇌졸중
□ 알츠하이머병	□ 제2형 당뇨병
□ 지방간	□ 다낭성 난소 증후군
□ 통풍	□ 죽상동맥경화증
□ 위 식도 역류 질환	□ 폐쇄성 수면 무호흡증
□ 암	

높은 인슐린 저항성과 대사성 질환은 너무 많이 먹어서 발생하는 질병이라고 합니다. 따라서 많은 현대 의학자들은 이에 대한 논리적인 해결책으로 적게 먹어 대사의 균형을 맞추는 것을 제안합니다.

《느리게 나이 드는 습관》의 저자 정희원 교수 역시 16시간 금식 8시간 식사라는 시간제한 음식 섭취를 제안합니다. 매일 일정 기간 음식 섭취를 제한하는 방법은 솔크 연구소(Salk Institute)의 사친 판다(Satchin Panda) 박사가 제시하여 유명해진 방법으로 알려져 있습니다. 12시간 먹고 12시간 단식, 8시간 먹고 16시간 단식, 6시간 먹고 18시간 단식 등 다양한 방법이 있습니다.

정희원 교수는 에너지를 섭취하지 않는 단식이 "노화 속도를 느리게 만들 수 있는 경로들을 활성화할 수 있다"는 생각에 기반한다고 주장합니다. 특히 금식 시간이 길어지면 자가포식, 즉 오토파지(Autophagy)라는 작용이 활성화되어, 세포 내부에 축적된 잘못된 단백질을 에너지원으로 소모하게 된다고 합니다. 이는 단백질의 항상성(proteostasis)을 유지하며 노화와 관련된 기전을 개선하는 효과를 가져옵니다.

다니엘서 9장과 10장을 보면 여든이 훌쩍 넘은 다니엘이 부분적 금식, 간헐적 단식의 형태를 통해 금식하는 장면들이 나옵니다. 어떻게 고령의 나이에 그렇게 할 수 있었을까 생각되는 부분입니다. 그러나 현대 의학이 주장하는 단식의 신체적 유익을 생각해보면 오히려 정기적인 단식과 절식, 소식이 그가 신체적으로 건강하고 장수할 수 있었던 요인으로 작용한 것이라고 해도 무리는 아닐 것입니다. 이렇게 단식과 금식에는 영적인 유익에 앞서서 육신의 건강에도 큰 유익이 있습니다.

금식의 신체적 유익에도 불구하고, 다니엘처럼 금식하자고 할 때는 단지 육신의 건강을 위해서만은 결코 아닙니다. 오히려 다니엘은 죽으면 죽으리라 하며 자신의 목숨마저 아끼지 않고 절체절명의 위기 속에서 금식하며 하나님께 나아갔습니다.

금식은 하나님께 더 가까이 나아가며 영혼을 정결하게 하는 행위입니다. 금식은 세속에 물든 죄 된 습관, 우선순위가 뒤엉킨 왜곡된 갈망과 사랑, 방탕한 식욕을 비우고 정결하게 하는 과정입니다. 금식을 통해 우리는 삶에 하나님의 임재를 초청하고, 하나님의 선하심을 누릴 공간과 시간을 만듭니다. 이런 점에서 금식은 곧 하나님을 예배하는 행위입니다. 오직 하나님만을 갈망하고 바라는 것이 바로 예배이기 때문입니다.

금식은 자기 부인의 한 형태로 육체적인 집착과 욕망을 비우고 유일한 만족 되시는 예수님을 바라보며 기억하도록 돕습니다. 성경이 말하는 금식은 단지 음식 섭취를 중단하는 단식이 아닙니다. 하나님 앞에서 자신의 목표를 이루려고 떼쓰는 것도 아닙니다. 금식은 하나님께 전심으로 주의를 기울이고자 필수적인 것들을 스스로 삼가는 수단입니다.

금식이 주는 유익은 다양합니다. 육신의 쾌락을 부인하고 성령과 동행하도록 돕습니다. 금식을 통해 매어 있던 시간을 풀고 말씀 묵상과 기도에 더 많은 시간을 사용할 수 있도록 합니다. 음식에 대한 무절제하고 중독적이었던 요소들을 해독하고 사람이 떡으로만 살지 않고 하나님의 입에서 나오는 모든 말씀으로 살도록 돕습니다.

금식은 우리가 진정 갈망하고 굶주리는 대상이 무엇인지 그 실체를 직면하게 합니다. 금식은 인생의 공허함에서 오는 굶주림을 덮어버리기 위해, 식욕과 쇼핑과 정욕, 야망으로 영혼을 채우려는 자신의 실상을 폭로합니다. 금식은 실상 우리가 무엇에 의해 통제되고 무엇에 의해 이끌려 사는지를 깨닫게 합니다. 금식은 단지 음식에 대한 문제가 아닙니다. 우리는 사랑의 전부이신 하나님과 생명의 빵이신 예수님 대신에 얼마나 음식에 의존하며, 미디어를 의지하며, 오락거리와 흥미를 끄는 것에 취해 살고 있는지 잘 알지 못합니다. 그러나 금식은 우리가 기적의 빵이 아니라 모든 생명의 빵이 되시는 주님을 맛보며 주님의 음성에 귀 기울이게 합니다.

금식의 전통과 역사

금식은 수천 년간 유대 및 기독교 전통과 역사에서 중요한 '은혜의 수단'으로 나타납니다. 하나님의 백성들은 국가적인 위기가 찾아오거나 슬픔의 시기에 금식했고, 하나님의 전적인 자비와 긍휼을 구할 때 금식했습니다. 금식은 하나님이 없으면 아무 소망이 없다는 표현이자 하나님만 갈망한다는 예배이기도 합니다.

물론 금식하는 자가 주의해야 할 점이 있습니다. 금식은 하나님을 마음대로 통제하는 수단이 아닙니다. 금식 그 자체는 그 어떠한 마술적인 효과가 보장되지 않습니다. 다윗은 밧세바와의 간음 이후 태어난 아이의 생명을 하나님께서 살려주시기를 원하는 마음에 금식하며 기도했습니다. 하지만 아이는 결국 죽고 맙니다. 아무리 간절히 금식하며 기도했어도 하나님의 뜻이 아니라면 금식으로 그것을 바꿀 수는 없습니다.

그럼에도 불구하고 구약과 신약, 초대 교회 시대부터 금식은 기독교의 필수적이고 강력한 '영적 훈련'이었습니다. 하나님의 백성들은 하나님의 뜻을 구하거나 하나님의 능력과 은혜를 간절히 간구할 때 금식했습니다. 성경을 보면 하나님의 백성들은 특정 기간 금식하며 기도했습니다.

□ 다니엘은 좋은 음식을 제하는 '선택적 금식'을 21일간 행했습니다(단 10:2-3).
□ 사무엘의 어머니 한나는 하나님께 아들을 달라고 금식하며 기도했습니다 (삼상 1:7).
□ 에스더는 금식하며 몰살 위기에 있던 유대 민족을 구원해달라며 기도했습니다(에 4:3, 16).
□ 느헤미야는 성벽을 완공하고 백성들의 영적 각성을 위해 금식하며 기도했습니다(느 9:1-4).
□ 에스라도 포로기를 마치고 귀환하는 백성들의 안전과 보호를 위해 금식하며 기도했습니다(스 8:21-23).
□ 사도 바울은 회심한 이후 새로운 부르심 앞에 3일을 금식했습니다(행 9:9).

사도 요한의 제자로 알려진 폴리캅은 그의 서신에서 금식의 필요성을 언급합니다.

"예수 그리스도께서 육체로 오신 것을 시인하지 않는 사람은 누구나 적그리스도이고, 십자가의 증거를 시인하지 않는 사람은 마귀에게 속한 사람입니다. … 그러므로 우리가 많은 사람의 헛된 행실과 그들의 거짓 교훈을 버리고 처음부터 우리에게 전해진 말씀을 따르며 근신하여 기도하고 항상 금식하며 모든 것을 보시는 하나님께 간구하여 우리에게 구원을 얻게 하옵소서. 시험에 들지 않게 하려 함이니 주께서 말씀하신 바와 같이 마음에는 원이로되 육신이 약하도다 하신 것과 같으니라."

폴리캅은 적그리스도의 영을 대적하고, 시험에 빠지지 않으며 육신을 이기기 위해 근신하며 기도하고 '항상 금식'해야 한다고 강조했습니다. 여기서 항상 금식한다는 말은 정기적으로 금식하여 육신의 욕망을 억제하고, 영적으로 민감해져서 마귀의 유혹을 분별하고 이길 수 있는 상태를 유지하라는 뜻입니다.

오리겐은 금식이 사람들을 예배에 합당한 영적 상태로 준비시킬 수 있다고 믿었습니다. 터툴리안은 성도들이 세례를 받기 전 금식할 것을 권면했습니다. 초대 교회에는 다양한 기도의 전통이 있었습니다. 초대 교회에 강력한 성령의 역사가 나타난 배경에는 기도와 금식에 전념하며 하나님만 의지했던 성도들이 있었습니다.

은혜의 수단이자 영적 훈련

18세기 영국이 영적으로 침체되었을 때, 부흥을 이끈 감리교 운동 초기에도 금식이 중요한 역할을 했습니다. 존 웨슬리는 금식을 개인 영성의 중요한 은혜의 수단으로 여겼고, 신자들에게 자주 실천할 것을 강조했습니다. 초대 교회는 수요일과 금요일에 금식했는데, 수요일은 가룟 유다의 배반을, 금요일은 예수님의 십자가 수난을 기억하기 위함이었습니다.

웨슬리도 모든 감리교인들에게 이 전통을 따를 것을 권했습니다. 그는 수요일과 금요일 오후 3-4시까지 금식할 것을 권장했으며, 이를 실천하지 않으면 감리교 목사로 임명하지 않았습니다. 이는 율법주의가 아니라 금식 자체가 예배의 한 형태였기 때문입니다. 금식은 "사람이 떡으로만 살지 않고 하나님의 말씀으로 산다"는 믿음의 표현이었습니다.

"금식은 영혼을 타락하게 하는 육체의 정욕을 스스로 죽이고(mortification), 영혼을 살리는(vivification) 행위입니다. 금식을 통하여 신자는 더욱 깊이 죄를 뉘우치고 진정한 참회의 길을 걸어갑니다. 금식은 성화의 길을 가는 은혜의 방편(means of grace)이며, 전적인 순종과 겸비를 배우는 성화의 훈련입니다."
_김진두,《웨슬리의 행복론》

"[금식은] 기도에 도움이 됩니다. 특히 우리가 개인 기도를 위해 더 많은 시간을 따로 정해두었을 때 그렇습니다. 그러할 때 하나님께서는 종종 자신의 종들의 영혼을 지상의 모든 것들 위로 들어 올리시고, 때로는 마치 셋째 하늘로 이끄시는 것처럼 그들을 들어 올리시곤 합니다. 금식이 기도에 도움이 되는 것이야말로 그것이 하나님의 손에 의해 단순히 순결뿐만 아니라 진지한 영혼의 상태, 열정, 민감함과 양심의 부드러움, 세상에 대한 죽음, 그리고 그 결과로 나타나는 하나님에 대한 사랑과 모든 거룩하고 천상의 감정들을 확증하고 증가시키는 수단으로 그렇게 자주 사용되어 온 이유입니다." - The Works of John Wesley, Vol. 5, Sermon XXVII, On Our Lord's Sermon on the Mount

"설교의 황태자"라고 불린 찰스 스펄전은 그가 영국의 메트로폴리탄 타버나클교회에서 목회할 때 수시로 금식하며 기도했던 날들을 떠올리며 이렇게 고백했습니다.

"우리가 타버나클(Tabernacle)에서 금식하고 기도하는 시절들은 정말 최고의 날들이었습니다. 진실로 그 때보다 천국의 문이 더 넓게(wider) 열려 있던 적은 없었습니다. 그때보다 우리 마음이 영광의 중심에 더 가까이(nearer) 다가간 적은 없었습니다."

이처럼 금식은 하나님을 갈망하는 마음을 더욱 강화시키는 중요한 은혜의 방편입니다. 금식은 자신의 현재 영적 상태에 만족하지 못하고 더욱 하나님께 가까이 나아가며 그분의 은혜를 사모하는 분들을 위한 것입니다.

산상수훈

예수님은 금식을 명령하지 않으셨지만, 금식이 당연한 행위임을 전제로 말씀하셨습니다.

금식할 때에(when you fast) 마 6:16

산상수훈에서 예수님은 제자들에게 세 가지 의무를 가르치셨습니다. 바로 구제, 기도, 금식입니다. "너희가 기도할 때, 구제할 때, 금식할 때"라고 하셨지, "만일 기도한다면"이라는 가정법(if)을 쓰지 않으셨습니다. 금식은 당연히 해야 할 행위로 간주되었으며, '너희'라는 표현은 공동체적 금식을 의미합니다.

예수님은 기도와 금식을 구분하셨습니다. 금식은 기도를 강화하기 때문입니다. '금식할 때'라는 표현은 금식을 당연한 행위로 보셨다는 뜻입니다. 금식은 개인적으로, 또 공동체적으로 해야 합니다. 성경에는 나라와 민족이 함께 금식한 사례가 자주 나옵니다.

예수님이 금식을 은밀히 하라고 하신 이유는 금식의 동기가 사람에게 보이러는 데 있으면 안 되기 때문입니다. 은밀한 중에 행할 때 하나님이 갚아주신다고 하셨습니다.

귀신 들린 자를 치유할 때

금식의 또 다른 사례는 마태복음 17장 14-21절에 나옵니다. 한 사람이 귀신 들린 아들을 데리고 왔지만, 제자들은 그를 치유하지 못했습니다. 그런데 예수님이 귀신을 꾸짖으시니 아이가 곧 나았습니다. 제자들이 자신들은 왜 귀신을 쫓아내지 못했는지 묻자, 예수님은 세 가지 이유를 말씀하셨습니다.

첫째, "너희 믿음이 작기 때문이니라"(마 17:20). 예수님은 그들이 하나님과 연결되지 않았다고 하셨습니다. 믿음은 말씀을 들을 때 생기고, 하나님과 시간을 보낼 때 깊어집니다. 그러나 제자들은 겨자씨만큼의 믿음도 없었습니다.

둘째, "패역한 세대여 내가 얼마나 너희와 함께 있으며 얼마나 너희에게 참으리요"(마 17:17). '패역한 세대'는 하나님보다 세상과 가까운 상태를 의미합니다. 믿음이 커질수록 세상에 물드는 정도는 줄어들고, 믿음이 약할수록 세상의 영향을 더 받습니다.

셋째, "기도와 금식 외에는 이런 류가 나가지 않는다"(마 17:21, KJV). 일부 사본에는 이 구절이 포함되어 있습니다. 마가복음 9장 29절에서도 비슷한 구절이 나오지만, 금식 부분은 없습니다. 그러나 분명한 것은 기도가 반드시 필요하다는 점입니다.

예수님은 광야에서 시험받으실 때 금식 중이셨습니다. 그는 깨어 기도하며 마귀의 유혹을 이기셨습니다. 기도는 하나님과의 연결을 강화하고, 금식은 세상의 욕망과 유혹에서 벗어나게 하며 육신의 소리를 잠재웁니다. 이는 예수님께서 광야에서 스스로 검증하신 부분입니다.

기도와 금식 외에는 악한 영이 나갈 수 없다고 하신 말씀은 우리가 금식해야 할 또 하나의 이유를 보여줍니다.

신랑이 돌아오기까지

예수님은 우리가 사는 시대가 금식할 때라고 말씀하셨습니다. 마가복음 2장 18절에서는 금식에 대한 논쟁이 벌어졌습니다. 요한의 제자들과 바리새인들은 금식했지만, 예수님의 제자들은 금식하지 않았습니다. 이때 예수님이 말씀하셨습니다.

> 예수께서 그들에게 이르시되 혼인 집 손님들이 신랑과 함께 있을 때에 금식할 수 있느냐 신랑과 함께 있을 동안에는 금식할 수 없느니라 그러나 신랑을 빼앗길 날(들, ἡμέραι)이 이르리니 그 날에는 금식할 것이니라 막 2:19-20

혼인 집 손님들이 신랑과 함께 있을 때는 언제입니까? 예수님이 육신으로 제자들과 함께 사역하시던 시기를 말합니다. 그렇다면 '신랑을 빼앗길 날'은 언제일까요? 예수님이 하늘로 올라가신 날부터 교회를 위해 다시 오실 때까지를 의미합니다.

원어로 보면 '신랑을 빼앗길 날'은 복수형으로 빼앗길 '날들'(ἡμέραι)이라는 뜻입니다. 바로 지금, 우리가 살고 있는 이 시기입니다. 현재 우리가 살며 예수님의 재림을 기다리는 이때가 금식할 때입니다. 그날에 금식하라고 하셨습니다.

금식은 예수님이 다시 오실 것을 기다린다는 믿음의 표현이며, 보증으로 와 계신 성령님만을 의지하겠다는 믿음의 고백이기도 합니다

예수님의 40일 금식

예수님은 친히 금식의 본을 보이셨습니다. 앞으로 제자를 삼고 병든 자를 치유하며 복음을 전하고 십자가를 지는 중요한 시대적 전환을 앞두고, 먼저 하신 것은 온전히 금식하는 일이었습니다.

예수께서 성령의 충만함을 입어 요단 강에서 돌아오사 광야에서 사십 일 동안 성령에게 이끌리시며 마귀에게 시험을 받으시더라 이 모든 날에 아무것도 잡수시지 아니하시니 날 수가 다하매 주리신지라 눅 4:1-2

40일간 예수님은 먹지 않고 주리셨습니다. 물만 드셨습니다. 그리고 그 기간 동안 성령에 이끌리셨고, 금식 이후에도 성령의 능력으로 충만하셨습니다. 금식은 예수님께서 공적 사역을 감당하시기 전에 거쳐야 했던 필수 준비 단계였습니다. 만일 금식이 예수 그리스도 주님의 사역에 있어서 준비 과정에 필요한 부분이었다면, 하물며 제자들인 우리에게 더더욱 필요하지 않겠습니까?

하지만 예수님께서 금식하는 배경에는 광야에서 실패했던 이스라엘 백성들과 연관이 있습니다. 왜냐하면 그들은 광야에서 '먹는 것' 때문

에 멸망했기 때문입니다. 출애굽하여 가나안에서 영적 전투를 하기도 전에 그들은 식탐을 이기지 못해 고기가 아직 이 사이에 있어 씹히기도 전에 죽었습니다.

최초의 죄는 탐식이다

성경의 최초의 죄는 '식탐'에서 나온 것이라고 볼 수 있습니다. 먹음 직하고 보암직한 금단의 열매를 따 먹었습니다. 하나님이 먹지 말라는 말씀을 무시하고 욕망에 못 이겨 먹었을 때 사망이 임하고 말았습니다. 야곱의 형 에서는 어떻습니까? 배고프다고 소중한 장자의 복을 경히 여기고 팥죽 한 그릇에 팔아버렸습니다. 성경은 그러한 에서를 세속적인 사람(godless man, 히 12:16), 즉 하나님이 없어도 설명이 되는 사람이라고 묘사했습니다.

위장에 따라 살면 위장의 종이 됩니다. 다니엘이 왕의 좋은 음식을 거부한 이유가 뭘까요? 자신의 위장을 다스리지 못한다면, 자신은 바벨론 문화의 포로가 될 것이고 종이 될 것임을 간파한 것입니다. 그는 그것을 청소년 시기부터 간파했던 것입니다.

바울은 십자가의 원수가 있다고 했는데, 그들의 특징이 바로 탐식자였습니다. 그들의 하나님, 그들의 신은 '배'라고 했습니다.

내가 여러분에게 여러 번 말하였고, 지금도 눈물을 흘리면서 말하지만, 그리스도의 십자가의 원수로 살아가는 사람이 많이 있습니다. 그들의 마지막은 멸망입니다. 그들은 배(stomach)를 자기네의 하나님으로 삼고, 자기네의 수치

를 영광으로 삼고, 땅의 것만을 생각합니다. 빌 3:18-19 새번역

배, 위장이 이끄는 대로 사는 삶은 십자가의 원수입니다. 왜요? 육신은 성령의 소욕을 거스르기 때문입니다. 그 마지막은 멸망입니다. 먹는다고 정죄해서도 안 되지만, 식탐은 결코 가벼이 여길 일이 아닙니다. 그래서 사막 수도사들은 영혼을 죽이는 일곱 가지 죄 중에서 가장 먼저 극복해야 할 죄를 식탐, 탐식으로 보았습니다.

예수님이 금식하신 이유가 바로 여기에 있습니다. 왜 예수님이 40일 금식하셨을까요? 40일은 이스라엘이 실패한 광야 40년을 상징합니다. 예수님은 그들이 식탐으로 실패한 그 자리에서 금식을 통해 식탐을 비롯한 허영과 모든 유혹을 물리치시기 위해 광야로 가셨습니다. 사탄의 첫 시험 역시 바로 음식이었습니다.

분명히 신명기에서 사람이 떡으로만 살 것이 아니라 하나님의 입에서 나오는 모든 말씀으로 살 것이라고 했습니다. 하나님을 시험하지 말라고 했고, 다만 하나님만 경외하며 섬기라고 했습니다. 사탄은 이미 신명기의 말씀을 다 알고 있습니다. 그래서 그 말씀과는 반대 방향으로 예수님을 유혹한 것입니다.

우리의 마음에 무엇이 있는가?

당시 광야에 있던 이스라엘에게 하나님은 만나를 주시면서 그들의 마음을 시험하고자 하셨습니다.

네 조상들도 알지 못하던 만나를 광야에서 네게 먹이셨나니 이는 다 너를 낮추시며 너를 시험하사 마침내 네게 복을 주려 하심이었느니라 신 8:16

그들의 마음이 어떠한지, 하나님께 있는지, 명령을 지키는지 아닌지 알려고 시험하셨습니다. 그런데 그들이 시험당하자 마음에 있던 것이 나타났습니다. 시험이 없을 때는 하나님을 찬양했습니다.

여호와를 찬송하라 그는 높고 영화로우심이요 출 15:21

그런데 굶주리자 바로 뭐라고 불평합니까?

이스라엘 자손이 그들에게 이르되 우리가 애굽 땅에서 고기 가마 곁에 앉아 있던 때와 떡을 배불리 먹던 때에 여호와의 손에 죽었더라면 좋았을 것을 너희가 이 광야로 우리를 인도해 내어 이 온 회중이 주려 죽게 하는도다 출 16:3

금식을 해보면 우리의 마음에 무엇이 있는지 드러나게 됩니다. 금식은 유혹과 시험을 이기는 도구이자 동시에 그 자체로 테스트, 즉 시험입니다. 금식할 때 그 사람의 마음이 자기만족과 세상에 있지 않고 하나님께 있음이 밝혀질 때 사탄은 깜짝 놀라며 물러납니다. 식탐과 정욕을 따라 사는 사람이 대다수인데 그렇지 않으니까 사탄이 빌붙어 있을 마음, 빈틈이 없는 것입니다. 마음의 중심에 사탄이 있을 자리가 없으니 사라지는 것입니다.

우리가 금식을 해보면 우리가 우리의 만족과 기쁨을 어디에 두고 있는지 알게 됩니다. 하나님인지 아니면 하나님이 주시는 선물과 복인지가 드러납니다. 그래서 금식의 목표는 음식에 덜 의존하고 하나님께 더욱 의존하게 되는 것입니다.

하나님 VS 기적의 빵

마태복음 4장 3절에서 사탄이 돌을 빵으로 만들라고 합니다.

> 시험하는 자가 예수께 나아와서 이르되 네가 만일 하나님의 아들이어든 명하여 이 돌들로 떡덩이가 되게 하라 마 4:3

사탄의 논리는 이것이었습니다. "하나님이 이스라엘 백성들에게 광야에서 만나를 주신 이유는 백성들에게 곤경 중에도 기적을 바라보도록 가르치기 위함이었으니, 너도 만나와 같은 기적의 빵을 이 광야에서 굶주린 가운데 만들어서 먹어라!" 얼핏 맞는 이야기 같습니다. 하나님도 기적과 같이 만나를 주셨습니다. 백성들이 노력하지 않았는데도 은혜로 주셨습니다. 마찬가지로 돌을 빵으로 만들어 기적을 발휘하면 그것이 하나님이 주신 만나와 다를 바가 무엇입니까?

사탄도 성경을 기가 막히게 압니다. 그러나 사탄은 교활하게 핵심 의도를 왜곡시킵니다. 왜냐하면 사탄은 교묘하게 우리의 초점을 하나님이 아니라 기적의 빵에 두려고 합니다. 그것이 '쉬운 길', '편한 길'입니다. 기적, 그리고 기적에 의해 만들어진 빵에 의존하는 것, 얼핏 맞는 것 같지만, 그것은 하나님의 의도가 아니었습니다. 하나님께서 만나를 주셨던 의도는 무엇이었나요?

"빵이 아니라 나를 신뢰하라. 돈과 재산 을 믿지 말고 하나님을 의지하라."

여러분, 설령 그것이 하늘에서 내려오는 빵, 돌에서 바뀐 빵이라 할지라도 빵을 의지해서는 안 됩니다. 빵을 주시는 분을 의지해야 하고 사랑해야 합니다. 빵에서 만족을 얻으려고 해서는 안 되고, 빵의 근원 되시는 진정한 생명의 빵이신 주님으로부터 만족을 얻어야 합니다.

금식을 훈련해야 하는 이유

예수님은 이 시험의 본질을 간파하셨습니다. 그래서 사람이 빵으로만 살 것이 아니라고 하셨습니다. 말씀으로 살라는 것은 그분만 의지하며 귀를 기울이며 살라는 것입니다. 예수님이 능력이 없어서 돌들을 빵으로 만들 수 없으셨을까요? 아닙니다. 얼마든지 가능합니다.

그러나 예수님은 자신이 처한 곤경에서 빠져나오는 것보다 하나님의 뜻대로 사는 것이 더 중요함을 보여주셨습니다. 예수님은 금식을 통해 빵에 굶주려 있지 않고, 하나님의 온전하신 뜻에 더 굶주려 계심을 드러내셨습니다. 심지어 내가 사는 것보다 내가 죽는 것이 이 백성이 사는 길임을 금식을 통해 보여주셨습니다.

금식에서 중요한 것은 내가 음식에 굶주린 것이 아니라 "내가 얼마나 하나님께 굶주려 있는가?"입니다. 즉 "내가 정말 하나님으로 충분한가?"입니다. 예수님은 광야에서 40일간 금식함으로써 이스라엘이 실패한 자리에서 승리하셨고, 금식을 통해 육신의 소욕을 죽이고 마귀의 유혹을 물리치며 성령을 따라 행하셨습니다. 이것이 우리가 예수님처럼 정기적으로 금식을 훈련해야 하는 이유이기도 합니다.

사도 바울의 제1차, 2차, 3차 선교여행이 가능하게 한 교회는 안디옥교회였습니다. 안디옥교회는 복음과 그리스도 중심적으로 인종과 문화를 뛰어넘어 하나가 된 교회입니다. 그래서 이 교회는 복음을 들고 당시 이교도 세계로 나아갈 준비가 잘 되어 있었습니다. 하나님나라가 이미 임했다는 것을 보여줄 수 있는 교회였기 때문입니다. 이런 교회는 자연스럽게 선교 사역에서 매우 강력한 힘을 발휘했습니다.

금식하며 기도하는 교회

그렇다면 어떻게 안디옥교회가 다문화 교회를 이루면서 세계 선교를 감당하는 교회가 될 수 있었을까요? 안디옥교회는 기도하되, 특별히 '금식하며 기도하는 교회'였기 때문입니다. 안디옥교회는 금식과 기도를 통해 '성령의 부르심에 민감하게 응답하는 교회'였습니다.

주를 섬겨 금식할 때에 성령이 이르시되 내가 불러 시키는 일을 위하여 바나바와 사울을 따로 세우라 하시니 행 13:2

이 말씀은 금식하는 것이 주를 섬기는 것이라고 말씀합니다. 지금 이들은 하나님께 무엇인가를 얻어내기 위해 금식한 것이 아닙니다. 본문에는 지금 이들이 특정한 목표와 목적이 있어서 단체로 금식했다는 말이 없습니다. 물론 자신을 겸손히 낮추고 하나님께 간구할 때 금식할 수 있습니다. 그러나 지금 이들이 금식한 것은 금식 그 자체가 그들의 예배였다는 사실입니다. 왜냐하면 "금식은 음식이나 그 어떤 것보다 하나님이 중요하다는 표현"이기 때문입니다.

이것이 정확히 예배입니다. 예배는 하나님이 가장 가치 있는 분이라는 고백이요, 표현입니다. 금식은 사람이 떡으로만 살 것이 아니라 하나님의 입에서 나오는 모든 말씀으로 산다는 것을 믿고 드러내는 행위입니다. 그러므로 금식은 본질적으로 주를 섬기는 '예배'입니다. 안디옥교회 지도자들은 금식을 통해 하나님을 예배하고 섬겼습니다. 당시 안디옥교회에 심각한 위기가 없었음에도 불구하고 금식했다는 것은 이것이 그들의 일상적인 삶이었다는 뜻입니다.

그들은 모여서 예배하고, 개인적으로도 예배하고, 찬양하며 예배하고, 또한 금식하며 예배했다는 뜻입니다. 다시 말해 그들은 평상시에 늘 하나님을 전적으로 의지하는 사람들이었습니다. 이것이 안디옥교회의 영적인 힘이었습니다. 바로 그들이 금식하던 때에 성령께서 이들에게 친히 말씀하셨습니다.

주를 섬겨 금식할 때에 성령이 이르시되 내가 불러 시키는 일을 위하여 바나바와 사울을 따로 세우라 하시니 행 13:2

성령께서 직접 말씀하셨습니다. 물론 누구에게 말씀하셨는지는 나와 있지 않지만, 그들은 바나바와 사울을 따로 세우는 것이 성령의 음성인 것을 분별했습니다. 이들은 둘을 따로 세우라는 이 말씀을 어떻게 성령의 음성으로 분별했을까요?

이들은 이미 사울이 주께서 이방인을 위하여 택한 그릇임을 알고 있었습니다. 예수님께서는 제자들에게 땅끝까지 이르는 증인이 될 것이라고 말씀하셨습니다. 그러나 이들은 여전히 복음이 사마리아를 조금 넘었을 뿐, 더 이상 확장되지 못하고 있음을 알고 있었습니다. 그들의 마음은 부담이 되었고, 금식하며 기도하는 가운데 성령의 감동을 받은 것입니다. 바나바와 사울 역시 내적으로 성령의 음성을 확신했습니다. 금식하게 되면 성령의 음성에 더 민감하게 됩니다.

이제는 단지 안디옥교회가 성장하는 것만이 전부가 아니라, 새로운 삶의 단계, 즉 지리적 한계를 넘어가야 하는 때임을 깨달았던 것입니다.

성령의 능력을 간구하는 금식기도

그러자 이들은 다시 두 번째로 한 번 더 금식하며 기도합니다.

이에 금식하며 기도하고 두 사람에게 안수하여 보내니라 행 13:3

이 두 번째 금식은 첫 번째와 다릅니다. 첫 번째 금식은 특별한 목적 없이, 단순히 금식 자체가 예배이기 때문에 드린 것이었습니다. 금식을 통해 하나님이 가장 중요한 분임을 고백한 것입니다.

하지만 두 번째 금식은 바나바와 사울을 세워 보내는 구체적인 목적을 가지고 있었습니다. 그들은 치열한 영적 전쟁터로 나가야 했고, 성령의 도우심이 절대적으로 필요했습니다. 즉, 두 번째 금식은 성령의 능력을 간구하는 기도였습니다.

전도든 선교든 사역이 성공하려면 반드시 '주님의 사역'이어야 합니다. 사울과 바나바의 힘만으로는 아무 일도 이루어질 수 없었습니다. 예를 들어 베드로의 설교로 3천 명이 회심한 것은 그의 화술 덕분이 아니었습니다. 오순절에 임한 성령의 능력 때문이었습니다. 성령의 역사가 없었다면, 예수님을 십자가에 못 박은 사람들이 회개하며 돌아오는 일은 불가능했을 것입니다.

그래서 그들은 금식하며 기도하며 성령의 능력을 간구했습니다. 성령을 붙잡으려 한 것이 아니라, 성령께서 그들을 붙잡아주시기를 간구한 것입니다. 안디옥교회는 금식하며 기도한 후, 두 사람에게 안수하여 파송했습니다.

이후 사도행전을 보면 13장 4절부터 제1차 선교여행이 시작됩니다. 세계 선교의 시작에서 '금식과 기도'가 중요한 역할을 했습니다. 그들이 금식하며 기도했기 때문에 성령의 인도하심을 분명히 분별할 수 있었습니다.

다니엘이 세속적 도시에서 믿음을 지킬 수 있었던 비결

세속적 도시에서 선교적 소수이자 신실한 하나님의 백성으로 살았던 다니엘은 '기도의 용사'였습니다. 그러면 다니엘은 어떻게 바벨론이라는 세속적 도시에서 신앙을 지킬 수 있었을까요? 물론 다니엘의 신앙은 전적인 하나님의 은혜와 섭리하심 덕분이었습니다. 하나님께서 다니엘에게 믿음을 주시고 그를 지켜주지 않으셨다면, 다니엘조차 바벨론에서 믿음을 지킬 수 없었을 것입니다.

그럼에도 불구하고 세상 안에 있으면서도 세상과 구별된 삶을 살았던 다니엘의 '믿음의 비밀'이 완전히 감춰져 있는 것은 아닙니다. 다니엘서에는 명확히 나와 있지 않지만, 다니엘의 유년 시절은 남유다의 선한 왕이었던 요시야 왕의 통치 기간에 해당한다고 추정할 수 있습니다.

요시야 왕은 기원전 640년경 남유다의 왕이 되었고, 31년간 통치하다가 기원전 609년에 죽었습니다(왕하 22:1). 요시야 왕의 종교개혁은 통치 18년째 되는 해인 기원전 622년경, 율법책을 발견한 이후 본격적으로 시작되었습니다(왕하 22:8-13). 이 개혁은 성전 정화, 이방 신상 파괴, 바알과 아세라 숭배 금지 등으로 이어졌습니다(왕하 22:8-20, 23:1-25).

또한 요시야는 유월절을 성대히 지켰으며, 오랜 시간 잊혀졌던 예식을 회복했습니다. 요시야의 종교개혁은 남유다 전역뿐만 아니라 북이스라엘의 옛 영토까지 확대하려는 시도가 있었습니다. 이는 상당히 광범위한 영향을 끼친 개혁이었음을 시사합니다.

하지만 요시야의 종교개혁은 백성들의 내면적 신앙까지 완전히 변화시키지는 못했습니다. 예레미야 선지자는 많은 백성이 여전히 마음으로는 하나님을 떠나 있었다고 증언합니다(렘 3:10). 이는 종교개혁의 한계를 보여줍니다.

그럼에도 불구하고 다니엘은 이 기간에 어린 시절을 보냈습니다. 다니엘의 출생 이후 종교개혁이 지속된 약 12년의 기간은 다니엘이 10세가 되던 해까지, 즉 한 아이의 가치관과 세계관이 형성되는 시기에 해당합니다. 이 시기는 남유다에 종교개혁이 이루어지던 때였습니다.

다니엘서에 따르면 다니엘은 유다의 귀족 가문 출신이었습니다. 왕족이나 귀족 청년들이 바벨론으로 끌려갔음을 고려할 때(단 1:3-4) 다니엘의 가정은 요시야의 종교개혁의 영향을 받았을 가능성이 큽니다. 당시 요시야의 종교개혁은 남유다 사회 전반에 영향을 미쳤고, 하나님의 율법과 예배 회복을 강조했기 때문에 다니엘의 신앙적 기초, 즉 말씀을 묵상하고 하루에 세 번 기도하는 습관이 이 시기에 형성되었을 가능성이 높습니다.

다니엘서 1장 8절과 6장 10절에서 보여준 그의 분명한 결단과 기도생활은 다니엘이 요시야의 신앙적 DNA를 물려받았음을 추측하게 합니다. 다니엘서를 읽다보면 다니엘의 기도생활을 통해 그가 능력 있는 기도를 드릴 수 있었던 6가지 원리를 발견할 수 있습니다.

다니엘의 하늘을 움직이는 기도 6가지 원리 (P.R.A.Y.E.R)

Pray earnestly : 간절히 간구하라

Repent for the sins of the Nation : 국가적인 죄를 회개하라

Align with God's Will : 하나님의 뜻에 맞추어라

Yearn for God's Glory : 하나님의 영광을 갈망하라

Express Gratitude : 감사의 기도를 드리라

Rely on God through Fasting : 금식으로 하나님만 의지하라

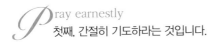

ray earnestly

첫째, 간절히 기도하라는 것입니다.

내가 금식하며 베옷을 입고 재를 덮어쓰고 주 하나님께 기도하며 간구하기를

결심하고 단 9:3

다니엘의 기도는 단순한 요청이 아니라, 하나님께 전심으로 매달리는 간절한 기도였습니다. 다니엘서 9장 3절은 그가 어떤 태도로 기도했는지 잘 보여줍니다. 그는 금식했고, 베옷을 입고 재를 덮어쓰면서 절박하고 진지한 태도로 기도하였습니다. 애도하는 자의 복장인 굵은 베옷과 재를 입고 위로부터 하나님의 크신 위로를 바라고 있습니다.

다니엘의 절박한 심정이 베옷과 재를 통해 드러나고 있습니다. 그의 외적인 모습조차도 "하나님이 없으면 안 됩니다. 저에게 응답해주시지 않으

면 소망이 없으며 제가 의지할 수 있는 분은 주님 외에 없습니다"라고 고백하고 있습니다.

다니엘의 유일한 희망은 하나님밖에 없었습니다. 하나님께서 그 민족을 포로에서 구해내지 않으신다면 그들은 구출되지 못하며 아무런 희망이 없습니다. 그렇기 때문에 다니엘은 자신의 민족이 하나님의 심판 아래 있음을 깨닫고, 민족의 회복과 하나님의 약속을 이루어달라고 응답을 받을 때까지 간구하였습니다.

다니엘의 기도가 간절했다는 것은 진정성 있게 기도했다는 뜻이기도 합니다. 다니엘의 기도는 누구에게 보여주기 위한 기도도 아니었고 대규모로 모인 기도회에서 드려진 기도도 아니었습니다. 다니엘의 기도는 그저 자신의 기도의 골방, 기도의 다락방(단 6:10)에서 신음하는 기도 소리에도 듣고 응답하시는 신실하신 하나님께 드리는 기도였습니다. 다니엘은 무릎을 꿇고 골방에서 기도할 때, 은밀하게 갚아주시는 하나님을 신뢰하며 기도했습니다.

Repent for the sins of the Nation
둘째, 국가적인 죄를 회개하는 것입니다.

다니엘의 기도는 자신의 민족의 죄를 깊이 회개하는 기도였습니다. 그는 개인적인 죄와 국가적인 죄를 분리하지 않았습니다. 국가적인 죄는 바로 나의 죄이며 우리의 죄라는 깊은 영적 민감함과 인식이 있었습니다.

내 하나님 여호와께 기도하며 자복하여(confessed) 이르기를 크시고 두려워할 주 하나님, 주를 사랑하고 주의 계명을 지키는 자를 위하여 언약을 지키시고 그에게 인자를 베푸시는 이시여 우리는 이미 범죄하여 패역하며 행악하며 반역하여 주의 법도와 규례를 떠났사오며 우리가 또 주의 종 선지자들이 주의 이름으로 우리의 왕들과 우리의 고관과 조상들과 온 국민에게 말씀한 것을 듣지 아니하였나이다 단 9:4-6

다니엘온 공의로우신 하나님 앞에서 민족과 나라가 범죄했음을 인정했습니다. 다니엘은 이스라엘이 이방 나라에 쫓김을 당한 이유가 바로 주님께 대한 죄 때문임을 고백합니다(단 9:7).

빛이신 주님 앞에 숨길 수 있는 것은 아무것도 없습니다. 불의, 거짓, 우상숭배, 의도적인 죄가 모두 드러났습니다. 범죄했다는 말은 누군가가 하나님의 뜻과 의도에서 벗어났다는 것이며, 하나님의 가르침을 왜곡했다는 의미입니다. 반역했다는 말은 왕을 배반하고 거역한 행동을 가리킵니다. 하나님의 백성은 반역하여 하나님의 기준이 아닌, 자신들의 입맛에 맞는 왜곡된 기준을 만들고 따랐습니다.

이렇게 변질된 기준은 '내가 원하는 것은 무엇이든지 할 수 있다'는 고집과 완고함입니다. 이는 부지 중에 행해진 죄가 아니라 의도적이고 고의적인 태도를 의미합니다. 오늘날의 시대는 자신이 원하는 것은 무엇이든지 할 수 있다는 '권리'를 주장하는 시대입니다. 마찬가지로 남유다 역시 왕들과 지도자들이 하나님의 기준을 버리고 자신들의 입맛에 맞는 기준으로 바꾸었습니다. 그 결과 심판이 임했습니다.

하나님은 신실한 종들을 보내어 '주의 이름으로' 그들을 깨우치고자 하셨습니다. 눈물의 선지자 예레미야를 통해 경고하셨고, 표적과 기사를 보여준 에스겔을 보내기도 하셨습니다. 그러나 유다는 전혀 들으려 하지 않았습니다(단 9:6).

그들은 몰라서 범죄한 것이 아니라 의도적으로 하나님의 말씀을 거부하고 반역했습니다. 결국 하나님은 그들의 고집대로 내버려두셨고, 바벨론이 쳐들어와 유다는 멸망하고 말았습니다. 다니엘은 민족이 하나님 앞에서 지은 죄를 인정하며 고백했습니다. 그는 죄를 가볍게 여기지 않았고, 하나님의 계명을 떠난 것이 얼마나 심각한지 깊이 깨달았습니다. 이 죄가 그들이 포로로 잡혀간 원인임을 깨닫고, 하나님의 용서를 간구했습니다.

다니엘의 회개의 특징은 자신과 조상의 죄, 지도자들의 죄, 국가적인 죄를 구별하지 않았다는 점에 있습니다. 다니엘은 "하나님께 죄를 지은 자들은 조상들이지, 나는 아니다"라고 하지 않았습니다. 그의 기도에서 반복되는 단어는 '우리가'입니다. 그는 반복적으로 "우리가" 죄를 짓고 "우리가" 악한 짓을 저질렀다고 고백합니다.

우리는 이미 범죄하여 패역하며 행악하며 반역하여 주의 법도와 규례를 떠났사오며 단 9:5

우리가 또 주의 종 선지자들이 주의 이름으로 우리의 왕들과 우리의 고관과 조상들과 온 국민에게 말씀한 것을 듣지 아니하였나이다 단 9:6

주여 수치가 우리에게 돌아오고 우리의 왕들과 우리의 고관과 조상들에게 돌

아온 것은 우리가 주께 범죄하였음이니이다 마는 단 9:8

주 우리 하나님께는 긍휼과 용서하심이 있사오니 이는 우리가 주께 패역하였음이오며 단 9:9

이것을 기도의 '동일화 법칙'이라고 합니다. "그들의 죄가 곧 나의 죄입니다." 다니엘이 무슨 죄를 지었습니까? 그는 범죄자가 아니라 피해자였습니다. 바벨론 포로라는 재앙은 다니엘 이전 세대가 저지른 죄의 결과였습니다. 다니엘은 하나님의 말씀대로 산 사람입니다. 그런데도 자신을 죄인으로 여겼습니다.

어떻게 그런 일이 가능할까요? 다윗은 시편 51편에서 이렇게 고백합니다. "내가 죄악 중에 출생하였나이다." 이는 모든 사람이 죄성을 가지고 태어난다는 의미입니다. 다니엘이 고백한 '우리'라는 의미는 자신도 죄 가운데 태어났으며, 조상들과 같은 시대에 살았더라도 그들과 크게 다르지 않았을 타락한 존재임을 뜻합니다.

누가복음 18장에서 바리새인과 세리 두 사람이 기도했을 때, 바리새인이 아니라 세리의 기도가 응답되었습니다. 그 이유는 그들이 드린 기도를 보면 알 수 있습니다. 바리새인은 "하나님, 저는 이 사람과 같지 않음을 감사합니다"라고 말했고, 세리는 "저는 죄인입니다. 하늘을 쳐다볼 수도 없습니다. 하나님, 이 죄인에게 자비를 베풀어주십시오"라고 고백했습니다. 세리의 기도는 경건하지 않고 겸손하지 않았던 바리새인의 기도와 완전히 달랐습니다.

이것이 다니엘의 기도입니다. 다니엘은 '유체이탈 화법'을 쓰지 않았습니다. "나는 그들과 달라. 그들이 죄를 지었지 나는 상관없어"라고 하지 않았습니다. 오히려 "우리가 하나님께 범죄했습니다. 우리가 반역했고 불순종했습니다. 우리가 악을 저질렀습니다"라고 고백했습니다. 다니엘은 죄를 구체적으로 회개하며 '동일화 법칙'에 따라 기도했습니다. 이것이 하나님이 응답하시는 기도이며, 황폐함을 회복시키는 기도입니다.

에이브러햄 링컨 대통령이 남북전쟁이 한창일 때, 국가금식기도의 날을 선포했습니다. 그는 이렇게 고백했습니다.

"하나님의 거룩한 법에 따라 국가도 개인처럼 이 세상에서 징벌과 책망을 받는다는 것을 우리는 알고 있습니다. 지금 이 나라를 황폐시키는 남북전쟁의 참화는 우리의 교만한 죄로 인해 부과된 형벌이요, 전 국민이 하나가 되어 국가개혁을 달성하라는 하나님의 채찍질로 받아들이는 것이 마땅하지 않습니까? 미국은 하나님이 내려주신 최고의 축복을 누려왔습니다. 우리는 오랫동안 평화와 번영을 구가했습니다. 우리의 인구와 국부와 국력은, 다른 어떤 나라보다 더 크게 성장했습니다. 그러나 미국은 하나님을 망각했습니다. 하나님의 은혜로운 손길을 잊어버렸습니다. 미국은 이 모든 축복이 우리 자신의 뛰어난 지혜와 힘의 산물이라고 생각하는 헛된 자만심을 품었습니다. 우리는 지속적인 성공에 도취된 나머지, 구원하시고 보우하시는 하나님의 은혜가 필요함을 느끼지도 못하고, 우리를 창조하신 하나님께 기도하지 않는 교만한 백성이 되고 말았습니다!
그러므로 우리는 분노하신 하나님 앞에 겸허한 자세로 국가적 죄를 고백하고,

자비와 용서를 구해야 합니다. 그러므로 이제 상원의 요청에 따라, 그리고 상원의 견해와 완전히 동의하여, 나는 이 선언문을 통해 1863년 4월 30일 목요일을 국가적 겸비와 금식과 기도의 날로 지정합니다.

그리고 나는 모든 국민들이 평상시의 세속적 업무를 중단하고 한마음이 되어, 예배당과 각자의 집에서, 이날을 하나님 앞에 거룩한 날로 지키며, 이 엄숙한 날에 적합한 종교적 의무를 겸손하게 수행하는 일에 헌신할 것을 요청합니다."[1]

링컨의 이 요청은 금식기도를 통해 하나님만 바라보고 구하자는 뜻입니다. 왜 그렇습니까? 다른 누군가가 아니라 '우리가' 교만했기 때문입니다. 하나님을 잊었기 때문입니다. 모든 축복이 우리 자신의 지혜와 힘의 산물이라고 여기는 헛된 자만심을 품었기 때문입니다. 지속적인 성공에 도취하여 하나님께 기도하지 않는 교만한 백성이 되고 말았기 때문입니다. 그 결과가 남북전쟁입니다. 그래서 링컨은 온 국민에게 금식기도를 요청하고 있습니다.

야고보서 5장 16절은 "의인의 간구는 역사하는 힘이 크다"고 했습니다. 이는 엘리야를 두고 한 말씀이었지만 다니엘도 예외가 아닙니다. 그리고 예수 그리스도의 십자가 안에 있는 이들도 예외가 아닙니다. 오직 예수 그리스도 안에서, 하나님이 죄인을 의인처럼 봐주시기 때문입니다.

예수 그리스도의 구속의 은혜를 의지하는 그리스도인들의 기도에는 역사하는 힘이 큽니다. 구약에서는 부정한 자를 만지면 자신도 부정해졌지

---

1 https://www.abrahamlincolnonline.org/lincoln/speeches/fast.htm

만, 신약에서는 상황이 바뀌었습니다. 바울은 믿는 아내가 믿지 않는 남편과 결혼했을 때 이혼하지 말라고 권했습니다. 왜냐하면 믿지 않는 남편이 믿는 아내로 인해 거룩하게 되기 때문입니다. 믿는 배우자가 불신 배우자를 품을 때 그 관계가 거룩해지는 것입니다.

또 어떤 여자에게 믿지 않는 남편이 있는데, 그가 아내와 같이 살기를 원하면, 그 남편을 버리지 말아야 합니다. 믿지 않는 남편은 그의 아내로 말미암아 거룩해지고, 믿지 않는 아내는 그 남편으로 말미암아 거룩해졌습니다. 그렇지 않으면, 그들의 자녀도 깨끗하지 못할 것인데, 이제 그들은 거룩합니다.

고전 7:13-14 새번역

믿지 않는 자가 거룩한 자와 연합하면 거룩한 자가 더러워지는 것이 아니라 둘 다 거룩해진다는 약속입니다. 왜 그런가요? 그리스도의 영이신 성령의 역사 때문입니다. 그러니까 남편이나 아내나 배우자가 죄를 저지를 때, "이놈의 원수!"라고 할 것이 아니라 "주님, 우리가 원수입니다. 우리가 주님께 반역한 원수 된 자들입니다!"라고 해야 합니다.

이것이 다니엘의 능력 있는 기도의 비밀이요, 원리입니다. 다니엘이 바벨론과 페르시아에서 살기 때문에 그가 더러워지는 것이 아니라 느부갓네살이 다니엘로 인해 변화됩니다. 다리우스 왕이 하나님을 찬양합니다. 다니엘이 바벨론의 사상적 문화적 포로가 된 이스라엘 백성들의 죄가 우리의 죄라고 고백하자 하나님께서 그 황폐함을 그치고 회복시키겠다고 약속하십니다.

하나님은 죄인과 자신을 동일시 여기는 그 기도를 귀히 여기십니다. 이것이 바로 더 나은 다니엘이신 예수님의 기도였습니다. 그분이 우리를 위해 기도하시고, 우리의 죄를 대신하여 죽으신 유일한 중보자이십니다.

그러므로 그리스도는 새 언약의 중재자이십니다. 그는 첫 번째 언약 아래에서 저지른 범죄에서 사람들을 구속하시기 위하여 죽으심으로써, 부르심을 받은 사람들로 하여금 약속된 영원한 유업을 차지하게 하셨습니다. 히 9:15 새번역

"아버지, 저들의 죄를 용서하소서." 우리의 죄를 대신해서 주님께서 십자가에서 죗값을 치르셨습니다. 다니엘은 본국으로 돌아오지 않습니다. 그 땅에서 백성들을 위해 기도합니다. 그리고 그 나라에서 바벨론 포로라는 죗값을 치러냅니다. 다니엘은 더 나은 다니엘이신 예수님을 가리키고 있습니다. 예수님은 지금도 살아 계셔서 우리를 위하여 간구하고 계십니다 (히 7:25). 황폐한 삶, 메마른 상황을 우리 주님께 내어드리십시오. 주님께서 다 아십니다. 영적으로 정신적으로 폐허가 된 상황에 대하여 나에게는 책임이 없다고 하지 맙시다. "주님, 제가 기도하지 못했습니다. 제가 더 사랑하지 못했습니다. 무관심했습니다. 방치했습니다. 우리가 범죄하였습니다!"

하나님께서 동일화의 기도, 구체적인 공동체 및 국가적인 죄에 대한 회개기도를 들으시고 용서하고 회복시키실 것입니다. '국가적이고 공동체적인 죄도 나의 죄로 품고 회개하기', 이것이 다니엘의 기도의 두 번째 원리입니다.

셋째, 하나님의 뜻(약속)에 맞추라는 것입니다.

다니엘은 자신의 욕망이 아니라 하나님의 뜻과 약속에 맞추어 기도하였습니다. 다니엘의 기도는 하나님께서 주시기를 원하시는 것과 주시겠다고 약속하신 것을 구하는 데 집중되어 있습니다. 따라서 다니엘의 기도는 하나님의 계획과 약속에 근거한 기도였습니다. 그가 하나님의 뜻을 알 수 있었던 이유는 하나님의 말씀을 연구하고 묵상했기 때문입니다. 하나님께서 예레미야 예언자에게 하신 말씀을 통해 나라와 민족을 향한 하나님의 뜻을 발견합니다.

곧 그가 통치한 첫 해에, 나 다니엘은 거룩한 책들을 공부하면서, 주님께서 예레미야 예언자에게 하신 말씀, 곧 예루살렘이 칠십 년 동안 황폐한 상태로 있을 것을 생각하여 보았다. 단 9:2 새번역

당시 예레미야의 예언이 담긴 두루마리들이 바벨론의 포로들 사이에서 회람되고 있었습니다. 실제로 예레미야서 36장에 보면 하나님은 예레미야 선지자에게 하나님이 그에게 하신 모든 말씀을 두루마리에 기록하라고 명령하십니다. 그래서 예레미야가 바룩에게 명하여 그가 불러주는 대로 예언을 기록하게 합니다. 비록 그것이 유다 왕 여호야김에 의해 태워지지만, 예레미야는 다른 두루마리에 다시 적게 합니다(렘 36:28). 기록을 남겼기 때문에 다니엘이 이 이방 땅에서 하나님의 말씀을 읽고 공부하고 말씀을 기초로 기도할 수 있었던 것입니다. 그 말씀에 약속이 있었습니다. 예레미야

서 25장 11절과 29장 10절입니다.

> 이 땅은 깡그리 끔찍한 폐허가 되고, 이 땅에 살던 민족은 칠십 년 동안 바빌
> 로니아 왕을 섬길 것이다 렘 25:11 새번역

> 나 주가 분명히 말한다. 너희가 바빌로니아에서 칠십 년을 다 채우고 나면,
> 내가 너희를 돌아보아, 너희를 이 곳으로 다시 데리고 오기로 한 나의 은혜로
> 운 약속을 너희에게 그대로 이루어 주겠다 렘 29:10 새번역

이것이 하나님의 약속이었습니다. 정한 때가 있었습니다. 고난의 끝이
있었습니다. "70년이 지나면 내가 너희를 다시 데려오겠다", "회복시키겠
다"는 것입니다. 실제로 다니엘은 벨사살이 암살을 당하면서 바벨론이 멸
망하는 것을 두 눈으로 보았습니다. 주전 539년, 바로 그 해에 다니엘은
예레미야서 말씀을 공부했습니다. 약속을 알았습니다. 다니엘은 약속의
말씀을 근거로 하여 간절한 마음으로 하나님께 기도했습니다. 다니엘의
간청은 하나님의 약속에 대한 깊은 믿음에서 나옵니다. 그는 하나님의 말
씀을 읽고(단 9:2), 그 말씀을 붙들고 기도했습니다. 그의 기도는 단순한
감정적 발산이 아니라 하나님의 약속을 붙들고, 자신의 뜻이 아닌 하나님
의 뜻에 맞추어 그 하나님의 목적이 이루어지기를 위해 믿음으로 드리는
기도였습니다.
　하나님과 동행한다고 할 때 기본 원칙은 하나님과 같은 방향으로 걸어
야 한다는 것입니다. 하나님과 함께 걷는다는 뜻은 내가 원하는 방향이

아니라 하나님이 원하는 방향으로 맞추어 걷겠다는 뜻입니다.

그러기 위해서는 내가 나 자신의 목표를 스스로 결정하고, 나 자신의 목적을 추구하면서 내가 원하는 방향으로 나아가서는 안 됩니다. 하나님과의 동행에는 기꺼이 자기 자신을 부인해야 하고 자기의 계획을 내려놓아야 합니다. 그것이 전제될 때만 하나님과 같은 방향으로 동행할 수 있습니다.

또한 하나님과 동행하기 위해서는 하나님의 발걸음의 속도를 맞추어야 합니다. 그분은 천천히 가시려고 하는데, 우리가 빨리 가려고 해서는 안 됩니다. 반대로 그분은 속히 가고자 하시는데, 우리가 게으름을 피워서도 안 됩니다.

다니엘은 예레미야서를 연구하다가 하나님의 뜻을 발견하고, 그 뜻과 계획에 자신의 삶과 기도를 맞추었습니다. 다니엘의 기도에 능력이 있었던 이유는 바로 하나님의 뜻에 맞춘 기도이기 때문입니다. "하나님의 뜻에 맞추어 기도하라", 이것이 다니엘의 기도의 세 번째 원리입니다.

Yearn for God's Glory
넷째, 하나님의 영광을 갈망하라는 것입니다.

다니엘의 기도는 하나님께서 영광을 받으시기를 간절히 바라는 마음에서 시작되었습니다. 그의 기도의 중심은 오직 하나님의 영광과 하나님의 이름이 높아지는 일이었습니다.

주를 위하여 주의 얼굴 빛을 주의 황폐한 성소에 비추시옵소서 단 9:17

나의 하나님이여 주 자신을 위하여 하시옵소서 이는 주의 성과 주의 백성이 주의 이름으로 일컫는 바 됨이니이다 단 9:19

다니엘은 자신의 기도가 응답받는 이유가 오직 하나님의 이름이 높아지기 위함임을 알았습니다. 사실 기도를 위한 많은 동기와 목적이 있습니다. 고통으로부터 해방되고, 묶인 관계와 재정이 풀리며, 건강이 회복되고, 곤경에서 구출되는 등 여러 가지 기도 제목들이 있습니다.

그래서 우리는 이러한 주제를 놓고 구체적으로 기도할 필요가 있습니다. 하나님께서는 자비로우시며 하나님의 자녀들이 거룩하고도 복되게 살기를 원하십니다. 그러나 이 모든 요청의 밑바탕에는 바로 하나님의 영광이 가장 우선시되어야 합니다. 우리의 기도와 간구가 응답되거나 응답되지 않거나 어떠하든지 상관없이 하나님의 이름이 높아지는 것이 우리의 목표여야 합니다. 그것이 바로 다니엘의 기도였습니다. "주를 위하여", "주 자신을 위하여" 이 모든 회복이 일어나기를 원했습니다. 다니엘은 하나님의 백성들이 그들의 정체성을 회복하며, 하나님의 이름을 영화롭게 하기를 원했습니다. 이는 그의 기도가 단순히 문제 해결이나 개인적인 필요 충족이 아니라, 하나님의 영광을 추구하는 데 집중했음을 보여줍니다.

*E*xpress Gratitude
다섯째, 감사의 기도를 드리는 것입니다.

다니엘의 능력 있는 기도의 원리 중 하나는 바로 '감사의 태도'입니다. 사실 다니엘은 어릴 때부터 바벨론의 포로로 끌려와서 이방 땅에서 평생을 살아야 했던 사람입니다. 그에게는 감사보다는 원망과 불평이 더 자연스러운 환경이었습니다. 바벨론은 언어, 음식, 문화, 모든 면에서 낯설고 야웨 하나님을 대적하는 환경이었습니다. 하지만 그의 인생을 돌아보면 하나님께서는 모든 것을 합력하여 선을 이루셨습니다.

다니엘은 포로로 끌려온 열악한 환경에서도 주변 사람들 사이에서 두각을 나타냈습니다. 그는 일평생 왕의 보좌관으로 지방 총독을 거쳐서 느부갓네살과 벨사살, 다리우스, 고레스 치하에서 총리를 역임합니다.

만일 다니엘이 포로인 자신의 신분과 상황을 한탄하여 분노와 원망에만 사로잡혀 있었다면 어땠을까요? 다니엘은 뜻을 정하여 세속에 물들지 않으면서도 어느 위기 상황에 있더라도 감사의 조건을 찾으려 했습니다.

다니엘서 2장에 보면 다니엘과 세 친구들은 느부갓네살 왕의 꿈을 맞추고 해몽하지 못하면 죽을 위기에 처해 있었습니다. 그때에도 다니엘은 하나님께 기도하고, 하나님이 보여주신 환상을 통해 꿈 내용을 알게 됩니다. 그래서 그가 이렇게 기도하며 감사하며 찬양을 드립니다.

나의 조상을 돌보신 하나님, 나에게 지혜와 힘을 주시며 주님께 간구한 것을 들어주시며 왕이 명령한 것을 알게 해주셨으니, 주님께 감사하며 찬양을 드립니다. 단 2:23 새번역

다니엘은 하나님께서 자신에게 지혜와 힘을 주시고, 기도에 응답해주신 주님께 감사하고 있습니다. 하나님께서 그에게 왕의 꿈 내용을 알게 해주신 것에 감사하고 있습니다. 이 감사는 응답된 기도에 대한 감사입니다.

다니엘이 기도에 응답하신 하나님께 그 자리에서 감사했을 때 하나님은 다니엘에게 어떻게 갚아주셨나요?

> 왕은 다니엘의 지위를 높이고, 귀한 선물을 많이 주며, 그를 바빌론 지역의 통치자와 바빌론 모든 지혜자의 어른으로 삼았다. 단 2:48 새번역

하나님께서는 왕을 통해 다니엘의 지위를 높여주셨습니다. 물론 감사가 항상 이런 결과를 가져오는 것은 아닙니다. 또한 이런 결과를 바라서 감사하는 것은 바른 동기가 아닙니다. 다니엘은 높은 지위를 바라지 않았습니다. 그러나 하나님은 감사했던 다니엘의 지위를 높여주셨습니다. 하나님은 다니엘에게 중대한 책임을 맡기셨습니다. 바로 감사하는 자, 하나님을 의지하는 자에게 맡기신 것입니다. 그것은 마치 예수님께서 그분께 진정 감사했던 사마리아 사람에게 '영과 육의 총체적 구원'을 베풀어주신 은혜와 유사합니다.

다니엘의 두 번째 감사의 장면은 다니엘서 6장에 나옵니다. 다니엘이 기도하지 말라는 어명을 어겨서 사자굴에 던져질 위기 상황입니다. 다니엘을 헐뜯는 이들이 우글거리는 사자굴과 같은 세상에서도 다니엘은 기도합니다. 그가 하던 습관대로 하루에 세 번, 무릎을 꿇고 기도합니다. 그리고 놀랍게도 그는 그 상황에서도 감사합니다.

> 다니엘이 이 조서에 왕의 도장이 찍힌 것을 알고도 자기 집에 돌아가서는 윗방에 올라가 예루살렘으로 향한 창문을 열고 전에 하던 대로 하루 세 번씩

무릎을 꿇고 기도하며 그의 하나님께 감사하였더라 단 6:10

다니엘은 전혀 감사할 상황이 아니었습니다. 그의 인생에 가장 위험한 시기를 맞이합니다. 대부분 많은 이들은 어려운 상황에서 원망할 조건들, 감사하지 않을 제목들을 찾습니다. 내가 왜 이렇게 불평할 수밖에 없는지, 내가 왜 화를 낼 수밖에 없는지 이유와 조건을 찾습니다. 그러나 다니엘은 전혀 감사할 수 없는 위기의 상황과 풍파의 시기에 감사했습니다. 하나님은 범사에 감사하라고 하셨습니다(살전 5:18). 이 범사에는 인생의 역경과 고난과 풍랑의 시기를 포함합니다.

1897년 미국 감리교 부흥사였던 존슨 오트먼이 "세상 모든 풍파 너를 흔들어"라는 찬송가 작사를 했습니다. 그 찬송가 가사를 보면 어렵고 힘들 때가 진짜 감사할 때라고 합니다. 즉 어렵고 힘들 때가 하나님이 주신 복들을 세며 감사할 때인 것입니다.

다니엘이 사자굴에 던져질 위기 상황에서 드린 감사는 무엇이었을까요?

　□ 바벨론 포로로 끌려올 때도 지켜주신 하나님

　□ 뜻을 정하여 왕의 음식을 거절했을 때도 함께하신 하나님

　□ 지혜자들과 함께 죽을 위기에 있을 때도 살려주신 하나님

　□ 꿈들을 해몽할 지혜를 주신 하나님

　□ 총리로 높여주셔서 세속 도시 한복판에서 하나님을 증거하게 하신 하나님

　□ 바벨론 제국에 이어 페르시아 제국에서도 높여주시고 들어 써주신 하나님

　□ 80세 평생 건강을 지켜주신 하나님

□ 지난 80년 가까운 삶을 세속 도시에서 선하게 인도해주신 하나님

□ 무엇보다 짐승의 시대, 난폭한 세상 속에서 믿음을 지켜주신 하나님

□ 모든 풍파 밀려오는 때에도 평강을 주시는 하나님

다니엘은 분명 하나님께서 사자굴 속에서도 지켜주실 것을 믿고 미리 감사했습니다. 다니엘의 감사는 응답된 기도에 대한 감사만이 아니라, 하나님의 하나님 되심으로 인한 '절대 감사'였기 때문입니다.

절대 감사는 하나님께서 기도에 응답하시든 응답하시지 않든 상관이 없습니다. 하나님께서 긍정적으로 응답하셨든지 부정적으로 응답하셨든지 상관이 없습니다. 왜냐하면 하나님은 항상 옳으시고, 하나님은 항상 선하다는 하나님 되심에 대한 믿음에서 나오는 감사이기 때문입니다.

그 근거는 바로 다니엘의 세 친구들입니다. 사드락, 메삭, 아벳느고, 이들은 다니엘서 3장에서 풀무불에 던져질 위기에서 이런 고백을 드렸습니다.

왕이여 우리가 섬기는 하나님이 계시다면 우리를 맹렬히 타는 풀무 불 가운데에서 능히 건져내시겠고 왕의 손에서도 건져내시리이다 그렇게 하지 아니하실지라도 왕이여 우리가 왕의 신들을 섬기지도 아니하고 왕이 세우신 금 신상에게 절하지도 아니할 줄을 아옵소서 단 3:17-18

그렇게 하지 아니하실지라도 감사한다는 것이 그들의 믿음이었습니다. 다니엘과 그들은 거의 동일한 믿음을 가진 자들이었습니다. 함께 기도한 동역자들입니다. 만일 다니엘이 이들과 함께 있었더라도 동일하게 기도했

을 것입니다. 그러므로 유사한 위기 상황을 맞이한 다니엘의 감사도 이 감사임이 분명합니다. "비록 저를 사자굴에서 건져주지 않으실지라도, 하나님께 감사합니다. 어떠한 결과를 맞이할지라도, 하나님은 항상 옳으시고 선하시기 때문입니다."

역경과 환난의 때에 더더욱 필요한 감사는 절대 감사입니다. 이 감사는 선하신 하나님, 좋으신 아버지 하나님에 대한 믿음에서 나오는 감사입니다. 다니엘은 하나님께 하루 세 번 기도하며 감사했습니다.

다니엘은 모든 상황에서 하나님께 감사했습니다. 그는 하루 세 번씩 기도하며 감사의 기도를 올렸습니다. 감사는 다니엘의 기도의 중요한 특징이자 원리입니다. 그는 심지어 자신이 사자 굴에 던져질 위기에 처한 상황에서도 하나님께 감사하며 기도했습니다. 하나님의 주권과 섭리를 믿고, 자신의 삶의 모든 상황이 하나님의 선한 계획 안에 있음을 확신했기 때문입니다. 다니엘의 능력 있는 기도의 다섯 번째 원리는 바로 '감사의 태도'입니다.

*R*ely on God through Fasting
여섯째, 금식으로 하나님만 의지하는 것입니다.

다니엘은 하나님 앞에서 겸손히 자신을 낮추고 금식하며 기도했습니다. 그는 금식으로 자신을 비우고 하나님께 온전히 의지했습니다. 다니엘은 하나님께 응답을 받기 위해 금식과 겸손을 실천했습니다.

금식은 단순히 음식의 금욕만이 아니라 하나님께 더 깊이 나아가기 위한 헌신의 표현이었습니다. 그는 자신의 의지나 힘이 아니라 오직 하나님의 은혜와 능력에 의존했습니다. 이런 겸손과 금식이 그의 기도가 강력하게 하늘에 닿을 수 있도록 했습니다.

사실 우리가 금식하는 이유 중 하나는 우리가 얼마나 경건한지를 하나님께 보여드리기 위함이 아닙니다. 하나님은 우리가 어떠하신지 이미 그 중심을 알고 계십니다. 금식은 하나님의 응답을 얻기 위해 우리가 기도에 무엇을 더해야 하는 어떤 특별한 일이 아닙니다. 복음 안에서는 하나님이 우리를 더 사랑하시거나 우리에게 더 많은 관심을 기울일 수 있는 것이 하나도 없습니다. 그분은 이미 십자가에서 우리를 온전히 사랑하셨습니다. 다니엘의 금식하는 기도는 그저 그의 절박함을 드러내며 하나님밖에 의지할 자가 없다는 표현이었습니다.

> 내가 금식하며 베옷을 입고 재를 덮어쓰고 주 하나님께 기도하며 간구하기를
> 결심하고 단 9:3

다니엘은 여전히 예루살렘이 황폐한 상태로 남아 있는 것에 대해 마음 아파했습니다. 그러다가 예레미야 선지자가 남긴 편지를 통해 예루살렘의 황폐함이 70년 만에 그칠 것을 알게 됩니다. 그는 그 말씀을 의지하여 금식하며 하나님께 기도하며 간구한 것입니다. 그가 하나님께 자신의 죄와 백성 이스라엘의 죄를 자복하고 회개했을 때(단 9:20), 그는 가브리엘 천사로부터 응답을 받습니다.

> 곧 네가 기도를 시작할 즈음에 명령이 내렸으므로 이제 네게 알리러 왔느니라
> 너는 크게 은총을 입은 자라 그런즉 너는 이 일을 생각하고 그 환상을 깨달

을지니라 단 9:23

다니엘이 기도 응답을 받은 것은 근본적으로 하나님의 신실하심 때문입니다. 하나님은 그분의 약속을 지키는 분이시기 때문입니다. 다니엘은 신실하신 하나님께 금식하며 기도하였고, 하나님은 그 다니엘의 기도를 들으시고 응답하셨습니다. 그가 금식하며 스스로 낮추고 겸비하였던 마음의 중심을 하나님께서 보신 것입니다. 다니엘서 10장에는 그가 3주간(21일간) 슬퍼하며 고기와 같은 좋은 음식을 제한하는 부분적인 금식을 하는 장면이 나옵니다.

그때 나 다니엘은 3주 내내 슬퍼했습니다 나는 3주가 다 지날 때까지 좋은 음식을 먹지 않았고 고기나 포도주를 입에 대지 않았으며 몸에 기름을 바르지 않았습니다. 단 10:2-3 우리말성경

왜 그가 슬퍼했을까요? 1절에 보면 역사적 시기가 나오는데, 페르시아의 고레스 왕 제 3년이라고 했습니다.

페르시아의 고레스 왕 제 삼 년에 단 10:1 새번역

이때 무슨 일이 있었을까요? 에스라서 1장에 따르면 고레스 왕은 즉위 첫해에 유다 사람들이 예루살렘으로 돌아가 성전을 재건하도록 허락했습니다(스 1:1-4). 유다 백성은 부푼 꿈을 안고 약속의 땅으로 돌아가 성전 재건

을 시작했습니다. 그러나 얼마 지나지 않아 공사가 중단되었습니다.

에스라서 4장에 보면 당시 그 지역에 살던 사마리아 사람들이 성전 재건을 방해했습니다. 그들은 수단과 방법을 가리지 않고 유다 백성의 삶을 어렵게 만들었습니다. 지역 관리들을 매수하고, 유다와 예루살렘 주민들을 고발해 백성의 사기를 꺾었습니다. 음모와 거짓말, 협박을 동원해 결국 성전이 재건되지 못하도록 막았습니다. 다니엘은 이 소식을 듣고, 이 상황 속에서 하나님의 뜻을 분명히 알기 위해 금식하며 슬퍼하며 간절히 기도했습니다.

그가 내게 말하였다. 다니엘아, 두려워하지 말아라. 네가 이 일을 깨달으려고 하나님 앞에서 스스로 겸손하여지기로 결심한 그 첫날부터, 하나님은 네가 간구하는 말을 들으셨다 단 10:12 새번역

그는 성전 재건이 중단되고 하나님의 백성들이 어려움을 겪는 일에 대한 하나님의 뜻을 더 잘 깨닫기를 원했습니다. 그래서 스스로 겸손해지기 위해 금식을 했던 것입니다. 기도의 응답이 오기까지 치열한 영적 전쟁이 있었습니다.

다니엘에게 온 이 천사는 다니엘의 기도의 응답으로서 온 것입니다(12절). 기도는 하나님의 뜻이 하늘에서 그리고 땅에서 이루어지게 합니다. 기도는 하늘의 천사들을 움직입니다. 그런데 하나님이 보내신 천사가 21일이 지나서야 온 것입니다. 천사는 왜 다니엘의 응답이 21일 동안 지연되었는지 이렇게 말씀합니다.

그러나 페르시아 왕국의 천사장이 스무하루 동안 내 앞을 막았다. 내가 페르시아에 홀로 남아 있었으므로, 천사장 가운데 하나인 미가엘이 나를 도와주었다. 단 10:13 새번역

페르시아 왕국의 천사장이 응답의 메시지를 가진 천사를 막았기 때문입니다. 페르시아 왕국의 천사장은 천사가 아니라, 페르시아를 장악하고 있는 마귀입니다. 그 마귀가 하나님의 응답을 가진 천사를 막아 천사가 페르시아에 홀로 남겨졌던 것입니다. 그래서 다니엘의 기도에 대한 응답이 지연되었습니다. 그런데 14절, 21절을 보면 악한 천사장이 응답을 가진 천사를 필사적으로 막으려 했던 이유가 있었습니다.

이제 내가 마지막 때에 네 백성에게 일어날 일을 깨닫게 해주려고 왔다. 이 환상은 앞으로 일어날 일을 보여주는 것이다. 단 10:14 새번역

나는 '진리의 책'에 기록된 것을 네게 알려주려고 한다 단 10:21 새번역

마귀가 두려워한 이유는 기도의 용사 다니엘이 '진리의 책'에 기록된, 즉 마지막 때에 이루어질 하나님의 계획을 알게 되는 일이었습니다. 그 내용은 11장과 12장에서 확인할 수 있습니다. 쉽게 말하면 믿는 자들이 예상했던 것보다 훨씬 심각한 고난과 박해가 있을 것입니다. 오랜 인내와 강한 믿음이 필요합니다. 그러나 결국 최후 승리는 하나님께 속해 있습니다. 복된 소망이며 기쁜 소식입니다.

마귀는 이 계획의 세부 사항을 정확히 알지 못하지만, 다니엘이 하나님께로부터 말씀을 받는 것을 두려워했습니다. 다니엘이 말씀을 받으면 그것을 기도에 담아 올릴 것이고, 그 기도를 통해 하나님의 뜻이 이루어질 것을 알았기 때문입니다. 지금까지 다니엘의 삶이 이것을 증명합니다.

사탄은 우리가 말씀을 읽고 예배를 통해 성경의 진리를 알고 믿으며 기도하는 것을 막으려 합니다. 페르시아의 마귀가 두려워했던 이유는 다니엘의 기도를 통한 하나님의 응답과 역사 때문이었습니다. 마귀는 하나님의 응답을 직접 막을 수는 없었지만, 속임수를 통해 응답을 지연시켜서 다니엘이 기도를 포기하고 낙심하도록 유도하려 했습니다. 바로 이 때문에 마귀는 다니엘의 기도 응답을 지연시키려 했습니다.

이는 다니엘의 기도가 강력한 역사를 일으켰다는 것을 보여줍니다. 그러므로 어두운 세상의 주관자들과 악한 영들을 대적하는 길은 기도입니다. 특히 금식하며 드리는 기도는 기도의 능력을 더욱 강화시킵니다. 다니엘의 기도는 페르시아를 관할하는 악한 영들에 대해 결국 승리를 이끌어냈습니다.

헤르만 벨드캄프(Herman Veldkamp)는 다니엘의 강력한 기도를 이렇게 묘사했습니다.

"우리가 보듯이 다니엘의 기도는 천사들을 하늘에서 땅으로 오게 하는 데 성공했다. 그 결과 적의 계획은 실패했다. 하나님나라와 이 세상 나라 사이에서 벌어지는 강력한 전투에서 다니엘은 천사들을 영적 공군으로 동원하여 공중 권세를 가진 사탄의 세력에 대적하는 데 성공했다."

다니엘의 기도는 하나님의 천사들을 움직이게 했습니다. 하나님의 응답이 전해졌고, 고난 속에서도 다니엘은 그 뜻을 깨달았습니다. 그의 기도는 결국 땅에서도 강력한 역사를 이루었습니다. 어떻게 이루어졌습니까? 유다의 성전 건축이 16년간 중단되었지만, 주전 520년 학개의 촉구로 재건이 재개되었습니다. 그리고 4년 후인 주전 516년, 성전 재건이 완성되었습니다. 주전 586년에 성전이 파괴되었고, 주전 516년에 재건되었다면 정확히 70년입니다. 마귀의 방해에도 불구하고, 하나님께서 말씀하신 70년의 약속은 변함이 없었습니다. 우리가 기도할 때 대적은 물러가고, 하나님의 역사는 이 땅에서 약속대로 이루어집니다.

80세에 가까운 다니엘에게는 부분적인 금식조차 큰 체력적 부담이었을 것입니다. 그러나 그는 금식과 기도의 자리를 떠나지 않았습니다. 왜냐하면 그 땅에서 벌어지는 모든 음모와 반대의 역사를 바꾸실 분은 오직 하나님뿐이었기 때문입니다.

하나님의 말씀대로 살고 하나님의 뜻에 순종하려다 막히셨습니까? '내가 하나님의 뜻대로 살려고 하는데 왜 일이 안 될까?' 하고 고민하십니까? 그 이유는 마귀가 이를 싫어하고, 여러분을 두려워하기 때문입니다.

순종하려 할수록 더 막힌다면 이렇게 깨달아야 합니다. '아, 하나님께서 정말 기뻐하시는 일이구나. 마귀가 방해할 정도로 중요한 일이구나.' 이때 기도 응답이 지연되거나 응답이 없다고 낙심해서는 안 됩니다. 그것이 마귀가 원하는 일입니다. 바로 그때 기도의 자리로 더 나아가야 합니다. 이것이 우리가 연초에 함께 21일간 금식하며 기도하자고 권면하는 이유입니다.

다니엘의 기도는 오늘날 우리가 어떻게 기도해야 하는지에 대한 강력한 본보기입니다. 다니엘의 기도를 통해 배우는 점은 그 어떤 상황도 완전히 절망적이지 않다는 사실입니다. 다니엘은 이미 국가 심판이 시작된 지 한참 후에 금식을 시작했습니다. 금식을 시작하기에 절대 늦은 시점은 없음을 의미합니다.

하나님은 우리가 어려운 상황을 피하거나 그 상황에서 벗어나도록 도우실 수 있는 분입니다. 그러나 종종 우리와 함께하시며 자신의 임재로 우리를 도우시기를 선택하신다는 사실을 잊지 말아야 합니다. 다니엘의 기도는 단순한 요청이 아니라 하나님과의 깊은 관계에서 나오는 간절함과 헌신으로 가득했습니다.

다니엘의 기도의 여섯 가지 원리인 P. R. A. Y. E. R는 우리의 기도를 하나님 중심으로, 하나님의 목적에 맞게, 하나님께 온전히 의존하도록 이끌어 줍니다. 이 기도의 원리는 우리의 기도가 더욱 깊고 효과적으로 하나님께 나아가도록 돕습니다. 다니엘처럼 우리도 하나님의 영광을 위해 기도하면 하나님의 응답을 체험할 수 있습니다.

바른 동기로 금식해야 한다

좋은 것도 지나치거나 잘못된 동기로 하면 문제가 됩니다. 금식도 마찬가지입니다. 하나님께서는 분명 금식 자체를 높이 평가하지는 않으셨습니다. 하나님의 뜻대로 순종하고자 하는 금식에 적합한 삶에 대한 준비 없이 행해지는 금식은 어떠한 효력도 없습니다(사 58:5-6). 심지어 마니교라는 이교도들은 금식을 공로가 있는 행위라고 생각하기도 했습니다. 그러므로 만일 금식이 하나님을 바라보며 그분께 나아가기 위한 것이 아니라면 금식 자체에는 어떠한 능력도 없습니다.

> 만군의 여호와의 말씀이 내게 임하여 이르시되 온 땅의 백성과 제사장들에게 이르라 너희가 칠십 년 동안 다섯째 달과 일곱째 달에 금식하고 애통하였거니와 그 금식이 나를 위하여, 나를 위하여 한 것이냐 슥 7:4-5

하나님은 금식이 누구를 위함인지 그 중심을 보십니다. 진정 금식을 통해 자신을 낮추고 회개하며 하나님께 나아가는 것인지, 아니면 그저 금식하는 모양만 갖춘 것인지 다 아시는 분이십니다.

스가랴 선지자를 통한 하나님의 말씀은 백성들이 종교 의식적인 금식에 참여하는 진정한 동기가 무엇인지를 묻고 있습니다. 이 질문은 시간이 흐름에 따라 금식을 지키는 일이 형식적으로 변질되고 신실함이 결여되었음을 고소하는 질문입니다. [2]

이사야서 58장 4절 말씀대로 만일 금식을 한다고 하면서 서로 논쟁하며 다툰다면 금식이 무슨 소용이 있을까요?

> 너희가 다투고 싸우면서, 금식을 하는구나. 이렇게 못된 주먹질이나 하려고 금식을 하느냐? 너희의 목소리를 저 높은 곳에 들리게 할 생각이 있다면, 오늘과 같은 이런 금식을 해서는 안 된다. 사 58:4 새번역

---

2 앤드류 E. 힐, 《학개 스가랴 말라기》, 틴데일 구약주석 시리즈 28 (기독교문서선교회, 2014), 252.

존 웨슬리 역시 금식을 강조하였지만, 무언가를 공로로 얻기 위한 금식은 바른 동기가 아님을 경고하였습니다.

"그러나 우리가 이러한 상을 바란다면, 우리의 금식으로 하나님께 무언가를 공로로 얻을 수 있다고 착각하지 않도록 주의합시다. 우리는 이 점에 대해 너무 자주 경고받아도 지나치지 않습니다. 왜냐하면 '자신의 의를 세우고자 하는' 마음, 곧 은혜가 아닌 빚으로 구원을 얻으려는 마음이 우리 모두의 마음에 깊이 뿌리내려 있기 때문입니다. 금식은 하나님께서 정하신 방법일 뿐입니다. 우리가 그분의 값없는 자비를 기다리는 자리요, 우리의 어떠한 공로도 없이 그분이 자유롭게 축복을 약속하신 자리입니다." - The Works of John Wesley, Vol. 5, Sermon XXVII, On Our Lord's Sermon on the Mount

하나님께서 기뻐하시는 금식은 금식과 동시에 굶주리고 압제받는 이들을 위해 공의와 사랑을 실천하는 삶입니다.

"내가 기뻐하는 금식은, 부당한 결박을 풀어주는 것, 멍에의 줄을 끌러주는 것, 압제받는 사람을 놓아주는 것, 모든 멍에를 꺾어버리는 것, 바로 이런 것들이 아니냐?" 또한 굶주린 사람에게 너의 먹거리를 나누어주는 것, 떠도는 불쌍한 사람을 집에 맞아들이는 것이 아니겠느냐? 헐벗은 사람을 보았을 때에 그에게 옷을 입혀주는 것, 너의 골육을 피하여 숨지 않는 것이 아니겠느냐? 사 58:6-7 새번역 금식하려는 자신의 숨은 동기를 살펴야 합니다.

□ 하나님을 갈망 : 진정 하나님을 더 갈망하고 주님과 더 깊고 친밀한 관계
　를 원하는가?

□ 하나님과의 관계 : 나의 삶에 하나님과의 새로운 만남이 필요하기 때문인가?

□ 하나님의 뜻에 순종하기 위해 : 오직 그분만이 하실 수 있는 하나님의 꿈과
　계획이 있기 때문인가?

□ 인도하심을 받기 위해 : 나의 삶을 향한 하나님을 뜻을 알고 싶기 때문인가?

□ 죄의 속박을 깨기 위해 : 나를 사로잡았던 속된 죄악과 욕망과 속박으로부
　터 벗어나고 싶은가?

□ 구원을 위해 : 구원이 필요한 사랑하는 사람들이나 친구나 가족 때문인가?

□ 참된 해방을 위해 : 가난한 자들, 억눌린 자들을 영적, 재정적으로 자유롭
　게 하기 위함인가?

이러한 이유로 전적으로 하나님만 의지하기 위해서라면 여러분에게 금
식이 필요한 때입니다.

금식하는 10가지 이유

성경을 보면 금식하는 10가지 이유를 말씀하고 있습니다.

□ 긍휼을 구함 : 민족의 절망적인 상황에서 하나님의 호의를 얻기 위해(느
　1:3-4 ; 단 9:3 ; 에 4:3,16)

□ 회개 : 회개하여 하나님께 돌아가기 위해(삼하 7:6 ; 느 9:1-4 ; 욜 1:13-14,
2:12-15 ; 욘 3:5-8)

□ 애도 : 슬픔과 애도를 표현하기 위해(삼상 31:13 ; 삼하 1:11-12)

□ 구원과 회복 : 잃어버린 영혼을 구원하고 주님의 재림을 구하기 위해(눅 5:34-
35)

□ 친밀함 : 하나님을 더 깊이 알고, 더 가까이 나아가기 위해(눅 2:37 ; 마 6:16-
18)

□ 새로운 시작 : 유혹을 극복하고 새로운 사역의 준비를 위해(마 4:1-11)

□ 리더를 세움 : 선교사를 파송하거나 새로운 지도자를 세우기 위해(행 13:1-
3,14:19-23)

□ 보호를 구함 : 하나님의 보호하심을 구하기 위해(대하 20:3-4 ; 스 8:21-23)

□ 영적 전쟁 : 마귀와 악한 영을 쫓아내고 승리하기 위해(엡 6:10-12,18-20 ; 마
17:21 ; 삿 20:26)

□ 섬김과 치유 : 소외된 이웃을 섬기고 압제를 풀어줌으로써 치유를 얻기 위해
(사 58:5-9)

　금식은 성령께서 우리 자신의 진정한 영적 상태를 드러내게 하여 깨어짐과 회개, 변화된 삶을 가져오게 합니다. 금식을 통해 성령께서 하나님의 말씀을 우리의 마음에 더 깊이 각인시켜주시고, 하나님의 진리가 우리의 삶에 더욱 의미 있게 경험될 것입니다. 금식은 하나님을 경험하도록 우리의 기도 생활을 더욱 풍성하고도 실제적으로 변화시키며, 역동적인 내적 부흥과 더불어 사회적, 국가적인 부흥을 가져오는 통로가 될 수 있습니다.

단식을 해서는 안 되는 분들이 있습니다. 임신 중이나 수유 중인 분, 빈혈이 있거나 아플 때, 당뇨나 통풍, 암, 저혈당증, 궤양과 같이 건강 문제와 같은 기저 질환이 있는 경우는 금식을 권하지 않습니다.

금식 중에는 물을 충분히 마셔야 합니다. 금식 중에는 끊임없이 하나님의 임재 앞에 자신을 두고 기도하십시오. "주여, 나를 불쌍히 여기소서", "주여, 말씀하소서. 주의 종이 듣겠나이다", "내가 여기 있나이다"와 같이 짧은 기도를 반복하면서 여러분의 시간을 하나님께 지속적으로 올려드리십시오. 하나님의 인도하심과 신실하심을 찬양하며 여러분의 갈망을 주님께 올려드리십시오.

4가지 종류의 금식

① 온전한 금식

'온전한 금식'은 음식과 물을 온전히 금하는 방식입니다. 사도 바울은 3일간 온전히 금식했습니다(행 9:9). 모세 역시 40일간 온전한 금식(신 9:9)을 했습니다. 예수님도 40일간 금식하시며 마귀의 유혹을 이기셨습니다.

그러나 특별한 계시를 받은 사람을 제외하고 대부분의 사람들은 40일이나 장기간 금식하는 것이 위험할 수 있습니다. 온전한 금식의 경우 물만 마시고 모든 고형 음식을 완전히 단식하는 방식을 취합니다. 그 기간도 하루나 3일, 5일, 7일, 10일, 21일 단위로 합니다.

이 온전한 금식에는 물의 섭취를 허용하지만, 액체만 마셔야 하며 우유와 같이 칼로리가 포함된 액체는 금지됩니다. 하지만 물만 마시는 온전한 금식을 하실 경우에는 반드시 담당 의사와 전문가의 소견을 받아야 합니다. 또한 식이요법의 이유로 음식을 금할 수 없다면 온전한 금식을 권하지 않습니다. 건강에 이상이 없는 분들에게만 온전한 금식을 권합니다.

② 선택적 금식

두 번째 유형의 금식은 '선택적 금식'입니다. 이러한 종류의 금식에서는 식단에서 특정한 음식을 선택해서 금하는 것입니다. 예를 들면 육류, 어류, 가금류, 기호식품 등입니다. 이것이 바로 다니엘서 10장에서 다니엘이 했던 금식입니다. 그는 고기와 같은 좋은 음식을 입에 대지 않았습니다. 주로 채소류만 먹으면서 하는 금식이 여기에 포함됩니다.

③ 부분적 금식

이 금식은 유대인 금식이라고도 불립니다. 왜냐하면 유대인들은 전통적으로 특정 준수 사항을 지키며 특정 식사를 포함하기 때문입니다. 부분 단식의 경우 하루 종일 금식하고 저녁만 한 끼 먹거나, 혹은 아침만 먹고 온종일 금식할 수도 있습니다. 매일 한 끼만 먹고, 나머지 식사 시간은 기도와 성경 공부, 공동 기도와 같은 다른 영적 훈련에 사용할 수 있습니다.

부분적 금식 유형은 간헐적 단식이 건강에 좋다는 이유로 최근에 더욱 인기가 높아졌습니다. 이는 체중 감량이나 콜레스테롤 저하 등 건강상의 이유로 선택한 부분 단식입니다. 건강상의 이점은 훌륭하지만 체중 관리나 건강을 위하는 것에 금식의 동기를 부여해서는 안 됩니다.

지금까지 강조했듯이 금식은 항상 하나님과 더 깊은 관계를 추구하는 것이 영적인 동기가 되어야 합니다. 부분적 금식 기간은 7일이나 21일을 넘어 40일도 가능합니다.

④ 미디어 금식

네 번째 유형의 금식은 한국에도 이미 오래전부터 소개된 방식으로 '미디어 금식'이라고 부릅니다. 건강상의 이유로 금식을 할 수 없는 분들에게 추천드립니다. 거의 모든 이들에게 보급된 스마트폰은 우리의 삶을 매우 편리하게 해줍니다. 하지만 동시에 그것은 우리의 영적인 집중력을 잃게 하고 소중한 시간들을 소셜 미디어나 뉴스, 스트리밍 서비스와 같은 것들에 빼앗기게 합니다.

따라서 우리는 미디어 금식을 통해 세월을 아낄 수 있고 시간을 구속할 수 있습니다. 미디어 금식을 하면 그 시간을 기도와 성경 읽기에 사용하여 하나님을 향해 나아갈 수 있습니다. 금식은 늘 마음의 문제라는 것을 기억해야 합니다. 금식은 단지 무엇을 먹지 않는 것이 아니라 우리의 삶에서 하나님과의 관계를 방해하고 단절시키는 그 어떤 것을 제거하여 그분께 더 친밀하게 나아가게 하는 것입니다.

어떤 미디어를 금식해야 할까요? 우리 안에 계신 성령을 근심케 하고 슬프게 하는 것이라면 무엇이든 제쳐두어야 합니다. 이제는 진정 하나님께 나아가야 할 때입니다. *

───────────────

* 이 책의 부록 2(248p)에서 빌 브라이트 박사의 '성공적인 금식을 위한 7단계'를 참고하시면 금식기도 생활에 도움이 되실 것입니다.

다니엘 21일 금식과 기도

DANIEL 21 DAYS OF FASTING & PRAYER

Weekly Prayer List

기도와 금식으로
이번 한 주간을 준비하며
실천할 항목들을 자유롭게 적어
직접 체크해보시기 바랍니다

Day 1 _____ / _____

- [ ]
- [ ]
- [ ]
- [ ]

Day 4 _____ / _____

- [ ]
- [ ]
- [ ]
- [ ]

Day 5 _____ / _____

- [ ]
- [ ]
- [ ]
- [ ]

Howbeit this kind goeth not out but by prayer and fasting Mt 17:21 KJV

Day 2 ____ / ____

☐

☐

☐

☐

Day 3 ____ / ____

☐

☐

☐

☐

Day 6 ____ / ____

☐

☐

☐

☐

Day 7 ____ / ____

☐

☐

☐

☐

본문 다니엘 9:3-6

3 내가 금식하며 베옷을 입고 재를 덮어쓰고 주 하나님께 기도하며 간구하기를 결심하고

4 내 하나님 여호와께 기도하며 자복하여 이르기를 크시고 두려워할 주 하나님, 주를 사랑하고 주의 계명을 지키는 자를 위하여 언약을 지키시고 그에게 인자를 베푸시는 이시여

5 우리는 이미 범죄하여 패역하며 행악하며 반역하여 주의 법도와 규례를 떠났사오며

6 우리가 또 주의 종 선지자들이 주의 이름으로 우리의 왕들과 우리의 고관과 조상들과 온 국민에게 말씀한 것을 듣지 아니하였나이다

묵상

다니엘은 바벨론 제국이 하루아침에 무너지는 모습을 눈앞에서 보았습니다. 그러나 페르시아(바사)가 나라를 집권하게 된 이후에도 여전히 유대인들은 포로기를 벗어나지 못하고 있었습니다.

다니엘은 그런 상황에서 거룩한 책 중에서도 특별히 예레미야 말씀을 연구하고 있었는데 포로기 70년 기간이 있음을 알게 됩니다. 그래서 다니엘은 약속의 말씀을 붙잡고 기도하는데 금식하며 기도합니다(단 9:3).

금식은 하나님께 더 친밀하게 나아가고자 하기 위한 수단입니다. 금식은 하나님께만 전적으로 의존한다는 고백입니다. 다니엘은 금식기도를 통해 약속의 말씀을 이루어주시기를, 나라와 민족을 위해 간절히 기도하고 있습니다.

특별히 다니엘서 9장의 금식기도는 회개하며 긍휼을 구하는 기도입니다. 9장에 나타난 다니엘의 기도의 핵심은 '회개 및 긍휼을 구함'이었습니다. 다니엘은 누군가의 죄를 지적하지 않고, 조상들과 다른 이들의 죄마저도 자신의 죄로 품고 기도합니다. 그는 하나님께 범죄하고 패역하며, 행악하며 반역한 죄, 주의 법도와 규례를 떠난 '우리의' 죄를 고백하고 있습니다. 특별히 지

도자들이 하나님의 말씀에 불순종하고 듣지 않은 죄 역시 '우리의 죄'라고 여기고 회개하고 있습니다. 9장에서 다니엘의 기도가 다루고 있는 16개의 구절 중에서 12개의 구절이 죄를 고백하는데 '그들의' 죄가 아니라 '우리의' 죄임을 고백합니다.

부흥은 '회개'에서 시작됩니다. 그러나 그 회개는 나로부터, 우리로부터 시작되어야 합니다. '그들의 죄'가 아니라 '우리의 죄'입니다. 부흥을 가로막는 장애물은 다름이 아니라 너의 죄, 나의 죄를 구분하고, 그들의 죄와 우리의 죄를 구분하기 때문은 아닐까요?

다니엘은 남편의 죄, 아내의 죄, 자녀들의 죄, 지도자들의 죄를 따로 구분하지 않았습니다. 오히려 그것이 우리의 반역이요 패역이었음을 진심으로 고백하고 회개하면서, 인자를 베푸시는 하나님께 자비를 간구하고 있습니다. 여기서 '인자'는 히브리어로 '헤세드'인데 "포기하지 않는 사랑(unfailing love)"을 의미합니다.

지금 다니엘은 인자와 긍휼을 베푸시는 하나님의 성품에 의지하여 기도하고 있습니다. 우리도 하나님의 인자하심, 십자가의 은혜를 붙잡고 기도할 때 하나님께서 우리의 죄를 사하여주실 것입니다.

우리가 붙잡아야 할 '약속의 말씀'은 무엇입니까?
우리가 회개해야 할 '나의 죄악들'은 무엇입니까?
우리가 '우리의 죄'라고 품고 기도해야 할 죄악들은 무엇입니까?

구체적으로 회개해야 할 나의 죄들을 적어보십시오. 오늘, 온종일 혹은 부분적으로 금식하며 하나님께 회개합시다. 인자를 베푸시는 하나님께 긍휼을 부어달라고 기도합시다.

오늘의 기도

주님, 우리의 죄를 고백하며 다니엘처럼 회개의 자리로 나아갑니다. 주의 인자와 긍휼로 우리를 용서하시고, 부흥의 은혜를 다시 한번 허락하여주소서.

나의 기도

금식은 영혼을 정화하고, 마음을 고양시키며, 육신을 영에 복종하게 하고, 마음을 통해 회개와 겸손을 이루며, 욕망의 구름을 흩어버리고, 정욕의 불을 끄며, 진정한 순결의 빛을 밝혀줍니다. 다시 내면으로 들어가십시오. — 히포의 어거스틴

Day 1 　열방을 위한 기도

본문 느헤미야 1:3-7

3 그들이 내게 이르되 사로잡힘을 면하고 남아 있는 자들이 그 지방 거기에서 큰 환난을 당하고 능욕을 받으며 예루살렘 성은 허물어지고 성문들은 불탔다 하는지라

4 내가 이 말을 듣고 앉아서 울고 수일 동안 슬퍼하며 하늘의 하나님 앞에 금식하며 기도하여

5 이르되 하늘의 하나님 여호와 크고 두려우신 하나님이여 주를 사랑하고 주의 계명을 지키는 자에게 언약을 지키시며 긍휼을 베푸시는 주여 간구하나이다

6 이제 종이 주의 종들인 이스라엘 자손을 위하여 주야로 기도하오며 우리 이스라엘 자손이 주께 범죄한 죄들을 자복하오니 주는 귀를 기울이시며 눈을 여시사 종의 기도를 들으시옵소서 나와 내 아버지의 집이 범죄하여

7 주를 향하여 크게 악을 행하여 주께서 주의 종 모세에게 명령하신 계명과 율례와 규례를 지키지 아니하였나이다

묵상

느헤미야서는 느헤미야가 페르시아의 술 맡은 관원장으로 있다가 예루살렘의 총독으로 임명받고 예루살렘 성벽을 재건하는 3차 포로 귀환을 배경으로 하고 있습니다.

그는 페르시아 수산궁에 있을 때 예루살렘 성벽이 무너진 채로 여전히 남아 있는 상황을 듣고 가슴 아파합니다. 느헤미야는 이방 땅에서 태어난 포로기 유대인의 후손이요 이민자의 후손입니다. 그러나 그의 민족은 여전히 페르시아가 아닌 이스라엘이었습니다.

본문 말씀을 보면 느헤미야가 금식하며 기도합니다(느 1:4). 그는 먼저 다니엘처럼 하나님께 회개하며 기도합니다. 그 죄의 핵심은 모세에게 명령하신 계명과 율례와 규례를 지키지 아니한 것입니다(느 1:7).

하나님께 감사하지 아니한 것, 하나님을 향한 사랑을 잃어버린 것, 하나님보다 우상(돈, 권력, 성, 취미생활)을 더 사랑한 것, 말씀을 주야로 묵상하지 아니한 것, 하나님을 의심하고 믿지 않은 것, 가난한 과부와 고아와 나그네를 돌보지 않은 것, 가족에게 소홀히 했던 것, 이 모든 것이 하나님의 계명을 지키지 아니한 것입니다.

놀라운 것은 느헤미야도 다니엘처럼 기도했다는 것입니다. 즉 조상의 죄를 자신과 동일하게 여겼고(느 1:6), 언약을 지키시고 긍휼을 베푸시는 주님의 성품에 의지하여 기도하고 있다는 것입니다(느 1:5).

느헤미야처럼 우리의 마음을 애통케 하는 일은 무엇입니까? (느 1:3-4)
우리가 회개해야 할 나와 내 아버지의 집이 범죄한 일은 무엇입니까? (느 1:6)
하나님께서 명하셨으나 불순종한 큰 죄악은 무엇입니까? (느 1:7)

구체적으로 회개하며 긍휼을 구해야 할 나의 죄들을 적어보십시오. 오늘, 온종일 혹은 부분적으로 금식하며 하나님께 회개합시다. 인자를 베푸시는 하나님께 긍휼을 부어달라고 기도합시다.

오늘의 기도

주님, 느헤미야처럼 민족과 교회의 죄를 나의 죄로 여기며 회개합니다. 언약을 지키시고 긍휼을 베푸시는 주님, 우리의 영혼을 회복시키시고 이 나라를 말씀 위에 굳건히 세워주소서.

나의 기도

금식은 기도의 보조 역할을 합니다. 하나님의 손 안에서 금식은 경건함, 진실성, 민감함, 양심의 연약함, 세상에 대한 단절 그리고 하나님과 거룩한 모든 것에 대한 사랑을 증가시키고 강화시키는 수단이 되어왔습니다. 그러나 이 단순한 의무, 즉 금식은 우리 주님께서 구제와 기도와 동등하게 여기신 것입니다. − 존 웨슬리

나라와 민족을 위한 기도

열방을 위한 기도

Date . . .

본문 에스더 4:3,14-17

3 왕의 명령과 조서가 각 지방에 이르매 유다인이 크게 애통하여 금식하며 울며 부르짖고 굵은 베 옷을 입고 재에 누운 자가 무수하더라
14 이 때에 네가 만일 잠잠하여 말이 없으면 유다인은 다른 데로 말미암아 놓임과 구원을 얻으려니와 너와 네 아버지 집은 멸망하리라 네가 왕후의 자리를 얻은 것이 이 때를 위함이 아닌지 누가 알겠느냐 하니
15 에스더가 모르드개에게 회답하여 이르되
16 당신은 가서 수산에 있는 유다인을 다 모으고 나를 위하여 금식하되 밤낮 삼 일을 먹지도 말고 마시지도 마소서 나도 나의 시녀와 더불어 이렇게 금식한 후에 규례를 어기고 왕에게 나아가리니 죽으면 죽으리이다 하니라
17 모르드개가 가서 에스더가 명령한 대로 다 행하니라

묵상

페르시아에서 살던 유대인들은 하만의 음모로 진멸당할 위기에 처했습니다. 정치적 영향력을 가진 자들이 하나님의 법을 무시하고 자신들의 입맛에 맞는 기준과 표준을 내세웁니다.
지금도 나라의 입법자들은 하나님의 말씀의 기준에 분명히 죄가 되는 법률을 통과시키려고 노력하고 있습니다. 온라인, 영화와 드라마 같은 미디어들은 하나님의 가정 설계도를 무시하며 죄를 미화하는 콘텐츠들을 양산하고 있습니다. 심지어 그것에 저항하는 이들을 향하여 조롱하고 협박하며 불이익을 당하게 합니다. 이것이 지금 우리가 살아가는 현대 사회입니다.
본문 말씀을 보면 모르드개가 에스더에게 "네가 왕후의 자리를 얻은 것이 이 때를 위함이 아니겠느냐"며 그녀의 사명을 일깨워줍니다(에 4:14). 에스더는 그 말을 듣고 두려웠던 마음을 추스르고, 유대인들에게 금식을 요청하고, 담대하게 "죽으면 죽으리이다"라며 왕 앞에 나가기로 결단합니다(에 4:16).
에스더의 금식 요청은 하나님께 전적으로 의존한다는 믿음의 표현입니다.

하나님께서 긍휼을 베풀어주지 않으시면 죽을 수밖에 없다는 전적인 항복입니다.

마찬가지로 하나님께서 각 나라의 영역에 세워주신 사람들이 있습니다. 바로 이때를 위해 하나님께서 정치, 경제, 사회, 문화, 교육, IT, 의료, 가정 등 모든 영역에 세워주셨습니다. 그러므로 그리스도인들은 사회의 빛과 소금이 되어야 하고, 나라의 죄를 회개하며 하나님의 긍휼하심을 구해야 합니다.

에스더와 유대인들처럼 지금 우리가 처한 위기 상황은 무엇입니까?
이 위기 상황을 위해 하나님께서 나를 부르신 자리, 내가 잊고 있었던 사명은 무엇입니까?

구체적으로 회개해야 할 나의 죄들을 적어보십시오. 오늘, 온종일 혹은 부분적으로 금식하며 하나님께 회개합시다. 긍휼을 베푸시는 하나님께 긍휼을 부어달라고 기도합시다.

오늘의 기도

주님, 우리가 살아가는 이 시대의 죄를 회개하며 하나님의 자비와 긍휼을 구합니다. 이때를 위해 세우신 자들이 담대히 빛과 소금의 역할을 감당하게 하소서. 주님의 뜻을 이루는 신실한 도구로 사용하여주소서. "죽으면 죽으리이다"라는 믿음으로 나아가는 용기를 모든 지도자들과 우리에게 허락하소서.

Day 3 나의 기도

금식은 우리의 기도에 절박함과 간절함을 더하고, 하늘 법정에서 우리의 간구에 힘을 실어 주는 수단입니다. 금식하며 기도하는 사람은 진지하게 임하고 있다는 것을 하늘에 알리는 것입니다. – 아서 월리스

나라와 민족을 위한 기도

Day 3 열방을 위한 기도

Date · · ·

본문 사무엘상 7:3-6,10

3 사무엘이 이스라엘 온 족속에게 말하여 이르되 만일 너희가 전심으로 여호와께 돌아오려거든 이방 신들과 아스다롯을 너희 중에서 제거하고 너희 마음을 여호와께로 향하여 그만을 섬기라 그리하면 너희를 블레셋 사람의 손에서 건져내시리라
4 이에 이스라엘 자손이 바알들과 아스다롯을 제거하고 여호와만 섬기니라
5 사무엘이 이르되 온 이스라엘은 미스바로 모이라 내가 너희를 위하여 여호와께 기도하리라 하매
6 그들이 미스바에 모여 물을 길어 여호와 앞에 붓고 그 날 종일 금식하고 거기에서 이르되 우리가 여호와께 범죄하였나이다 하니라 사무엘이 미스바에서 이스라엘 자손을 다스리니라
10 사무엘이 번제를 드릴 때에 블레셋 사람이 이스라엘과 싸우려고 가까이 오매 그 날에 여호와께서 블레셋 사람에게 큰 우레를 발하여 그들을 어지럽게 하시니 그들이 이스라엘 앞에 패한지라

묵상

회개는 하나님께 전심으로 돌아가는 것입니다(삼상 7:3). 사무엘이 엘리 제사장에 이어 사역을 시작할 당시, 이스라엘 백성들은 이미 언약궤를 빼앗겼고 블레셋과의 전쟁에서 패배하고 있었습니다. 그러나 이들은 왜 이런 고통을 당하는지 전혀 알지 못했습니다. 그때 사무엘은 그 이유를 정확히 지적합니다. 그 이유는 바로 이스라엘이 하나님으로부터 멀리 떠나 있었기 때문입니다. 그들은 이방 신들과 아스다롯과 같은 우상들을 섬기고 있었습니다(삼상 7:3). 아스다롯을 숭배한다는 것은 오늘날 세상에서 욕심과 탐심과 쾌락을 추구하는 것인데 이것이 바로 영적인 간음입니다. 그들이 하나님을 믿지 않은 것이 아니라 주님께만 마음을 두지 않고 주님만을 섬기지 않은 것입니다(삼상 7:3). 이것은 사실상 하나님을 부인하는 것이고 잊은 것입니다.

그들이 민족을 이루고 땅을 차지할 수 있도록 도우신 분은 하나님이십니다. 야웨 하나님이야말로 도움의 반석이십니다. 따라서 사무엘은 백성들에게 전심으로 여호와께 마음을 돌이키고 섬기라고 강권합니다(삼상 7:3-4). 그리고 사무엘은 온 백성들에게 미스바에 모여 종일 금식하고 회개기도를 드리자고 합니다(삼상 7:6).

'미스바'의 의미는 "망대"라는 뜻으로 높은 곳에서 바라본다는 의미인데, 땅의 것만을 바라보며 살던 눈을 들어 높은 곳에서 하나님의 관점으로 바라보자는 것입니다.

미스바에 모인 백성들은 자신들의 죄를 고백하는데, 그들이 모인 이유는 자신들은 옳고 남들은 틀렸음을 주장하기 위함이 아니었습니다. 오히려 그 반대였습니다. 자신들이 하나님 앞에 범죄하였음을 통렬히 회개하기 위하여 모인 것입니다. 이것이 바로 미스바 금식 성회입니다.

그들은 나라의 위기가 자신들이 하나님 앞에 신실하지 못했기 때문임을 깨달았습니다. 그래서 백성들은 금식하며 회개합니다. 하나님은 그들의 회개를 받아주셨고, 블레셋의 침공이라는 위기에서 놀라운 승리를 허락하십니다 (삼상 7:9-10).

여러분은 전심으로 하나님께 마음을 드리고 계십니까? (삼상 7:3)
혹시 숨겨진 우상들, 제거해야 할 우상들이 있다면 무엇입니까? (삼상 7:3)

구체적으로 회개해야 할 나의 죄들을 적어보십시오. 오늘, 온종일 혹은 부분적으로 금식하며 하나님께 회개합시다. 회개할 때 용서하시고, 승리를 회복시키시는 하나님께 간구합시다.

오늘의 기도

주님, 우리가 하나님보다 더 사랑한 우상을 버리고 전심으로 주님께 돌아가게 하소서. 미스바에서 기도한 것처럼 우리가 죄를 고백하며 회개할 때 우리의 잠들고 죽은 영혼을 깨우시고 회복시키시며, 마귀에게 지는 삶이 아니라 다시 승리의 삶을 살아가게 하소서.

Day 4 나의 기도

많은 사람들이 금식의 유익함을 알지 못해 그것의 필요성을 과소평가하거나 거의 불필요한 것으로 여깁니다. 반면 금식의 목적을 잘못 이해하면 쉽게 미신적인 행위로 전락합니다. 성경적이고 합당한 금식은 세 가지 목적을 향합니다. 우리는 육체를 절제하여 방종을 막기 위해, 기도와 경건한 묵상을 준비하기 위해, 그리고 하나님 앞에서 우리의 죄를 고백하며 겸손을 나타내기 위해 금식합니다. – 존 칼빈

열방을 위한 기도

다니엘이
바벨론의 사상적, 문화적 포로가 된
이스라엘 백성들의 죄가
우리의 죄라고 고백하자
하나님께서 그 황폐함을 그치고
회복시키겠다고 약속하십니다.
하나님은 죄인과 자신을 동일시 여기는
그 기도를 귀히 여기십니다.

이것이 바로 더 나은 다니엘이신
예수님의 기도였습니다.
그분이 우리를 위해 기도하시고,
우리의 죄를 대신하여 죽으신
유일한 중보자이십니다.

본문 느헤미야 9:1-6

¹ 그 달 스무나흘 날에 이스라엘 자손이 다 모여 금식하며 굵은 베 옷을 입고 티끌을 무릅쓰며

² 모든 이방 사람들과 절교하고 서서 자기의 죄와 조상들의 허물을 자복하고

³ 이 날에 낮 사분의 일은 그 제자리에 서서 그들의 하나님 여호와의 율법책을 낭독하고 낮 사분의 일은 죄를 자복하며 그들의 하나님 여호와께 경배하는데

⁴ 레위 사람 예수아와 바니와 갓미엘과 스바냐와 분니와 세레뱌와 바니와 그나니는 단에 올라서서 큰 소리로 그들의 하나님 여호와께 부르짖고

⁵ 또 레위 사람 예수아와 갓미엘과 바니와 하삽느야와 세레뱌와 호디야와 스바냐와 브다히야는 이르기를 너희 무리는 마땅히 일어나 영원부터 영원까지 계신 너희 하나님 여호와를 송축할지어다 주여 주의 영화로운 이름을 송축하올 것은 주의 이름이 존귀하여 모든 송축이나 찬양에서 뛰어남이니이다

⁶ 오직 주는 여호와시라 하늘과 하늘들의 하늘과 일월 성신과 땅과 땅 위의 만물과 바다와 그 가운데 모든 것을 지으시고 다 보존하시오니 모든 천군이 주께 경배하나이다

묵상

에스라와 느헤미야는 성벽을 재건한 이후 백성들의 영적 각성을 위해 섬깁니다. 이스라엘 백성들은 초막절을 지내고, 다같이 모여 금식하며 기도합니다 (느 9:1). 이들의 죄는 믿는 자로서 구별되지 않은 삶을 살았던 것이었습니다. 본문 말씀 2절의 "모든 이방 사람들과 절교하고"의 의미는 믿지 않는 자와 교제하지 말라는 뜻이 아닙니다. 만일 그렇다면 복음을 들을 수 있는 사람들이 아무도 없을 것입니다. 믿지 않는 자와 교제하는 것이 문제가 아니라, 믿지 않는 자와 똑같은 방식으로 살아가는 것이 문제였습니다.

하나님은 이스라엘 백성을 하나님의 제사장적 나라로 부르셨습니다. 그들은

세상 안에 살되 세상과 구별되어야 했습니다. 하지만 그들은 하나님이 아니라 세상을 닮아버렸습니다. 그것이 그들이 바벨론에 포로로 끌려갔던 이유였습니다. 그래서 그들은 이 죄를 철저히 회개해야만 했습니다. 그것은 단지 조상들만의 죄가 아니라, 바로 현재 그들의 죄였기 때문입니다(느 9:2).

회개의 표현으로 그들은 하나님의 율법책, 곧 말씀으로 돌아갔습니다(느 9:3). 왜냐하면 그들이 말씀에 무지하여 하나님이 원하시는 것이 무엇인지, 하나님의 뜻과 그분의 마음이 무엇인지 전혀 알지 못했기 때문입니다.

새해를 맞이한 우리가 하나님의 말씀으로 돌아가야 하는 이유도 여기에 있습니다. 백성들은 하나님께 부르짖습니다. 그리고 하나님과 그분의 이름을 송축합니다(느 9:5). 하나님은 우리가 회개할 때 우리를 반드시 회복시키시는 분이시기 때문입니다.

믿는 자로서 구별되지 않은 나의 모습들, 버려야 할 모습들은 무엇입니까? (느 9:2)

여러분의 올해 성경 통독과 묵상 계획은 무엇입니까? 어떻게 매일 말씀과 함께 예수님과 동행하기로 하셨습니까? (느 9:3)

영원하신 하나님과 영화로운 그분의 이름을 찬양합시다. (느 9:5)

오늘도 온종일 혹은 부분적으로 금식하고 기도하며 하나님께 회개해보십시오. 말씀으로 돌아갑시다. 하나님과 그분의 영화로운 이름을 찬양합시다.

오늘의 기도

주님, 말씀으로 돌아가 우리의 죄를 회개하게 하시고, 믿는 자로서 세상과 구별된 삶을 살게 하소서. 영원하신 하나님과 그 이름을 찬양하며, 회복의 은혜를 누리게 하옵소서.

나의 기도

금식하지 않는 이유는 아마도 당신이 하나님의 능력이 당신 삶에서 역사하기를 간절히 바라는 열망이 부족하기 때문일 수 있습니다. – 존 파이퍼

Day 5 나라와 민족을 위한 기도

열방을 위한 기도

본문 요엘 1:10-14

10 밭이 황무하고 토지가 마르니 곡식이 떨어지며 새 포도주가 말랐고 기름이 다하였도다

11 농부들아 너희는 부끄러워할지어다 포도원을 가꾸는 자들아 곡할지어다 이는 밀과 보리 때문이라 밭의 소산이 다 없어졌음이로다

12 포도나무가 시들었고 무화과나무가 말랐으며 석류나무와 대추나무와 사과나무와 밭의 모든 나무가 다 시들었으니 이러므로 사람의 즐거움이 말랐도다

13 제사장들아 너희는 굵은 베로 동이고 슬피 울지어다 제단에 수종드는 자들아 너희는 울지어다 내 하나님께 수종드는 자들아 너희는 와서 굵은 베 옷을 입고 밤이 새도록 누울지어다 이는 소제와 전제를 너희 하나님의 성전에 드리지 못함이로다

14 너희는 금식일을 정하고 성회를 소집하여 장로들과 이 땅의 모든 주민들을 너희 하나님 여호와의 성전으로 모으고 여호와께 부르짖을지어다

묵상

이스라엘의 땅이 황무하고 곡식이 떨어지는 위기를 만납니다. 밭에 거둘 소산이 없습니다. 모든 나무들은 말랐습니다. 열매를 맺지 못합니다. 사람의 즐거움도 말랐습니다(욜 1:12).

이 모든 일은 전능자이신 하나님으로부터 온 일입니다. 요엘 선지자는 먼저 제사장들에게 굵은 베를 입고 슬피 울며 금식할 것을 촉구합니다. 모든 고난의 시기에 가장 먼저 회개하고 엎드려야 할 자들은 영적 지도자들입니다. 하나님께서는 영적 지도자들에게 양들을 맡기셨고 그 책임을 물으실 것이기 때문입니다.

그리고 제사장들에 이어 제단에 수종드는 자들, 하나님께 수종드는 자들, 즉 성전에서 섬기는 모든 이들도 금식에 동참해야 합니다. 더 나아가 장로들과

모든 주민들이 금식에 동참해야 합니다(욜 1:14).

영적, 정신적, 물질적 기근의 시기는 철저히 주님 앞에 엎드려 금식하며 기도해야 할 때입니다. 이 시기에는 오직 기도에 전념해야 하고 여호와께 부르짖으며 찾아야 할 때입니다.

왜 요엘 선지자는 금식일을 정하고 성회를 소집하라고 했습니까? (욜 1:10-12)

요엘 선지자가 가장 먼저 애통하며 주 앞에 나오라고 촉구한 대상은 누구입니까? (욜 1:13)

금식하며 하나님께 부르짖고 찾아야 할 자들은 누구입니까? (욜 1:14)

오늘, 온종일 혹은 부분적으로 금식하며 하나님께 부르짖읍시다. 하나님께 우리의 영적, 정신적, 물질적 황폐함과 기근을 돌아보시고, 슬픔에서 기쁨으로, 메마름을 은혜의 단비로 적셔달라고 기도합시다.

오늘의 기도

주님, 우리의 메마른 영혼과 황폐한 삶을 돌아보며 겸손히 금식하며 주 앞에 드립니다. 슬픔을 기쁨으로, 메마름을 은혜의 단비로 바꿔주옵소서.

나의 기도

장난을 멈추고 기도하세요. 잔치를 멈추고 금식하세요. 사람들과의 대화를 줄이고 하나님과 더 많이 이야기하세요. 사람의 말을 덜 듣고 하나님의 말씀을 들으세요. 여행을 줄이고, 영적 애통 속에서 탄식하세요. - 레오나드 레이브힐

나라와 민족을 위한 기도

Day 6 열방을 위한 기도

본문 요엘 2:12–15

12 여호와의 말씀에 너희는 이제라도 금식하고 울며 애통하고 마음을 다하여 내게로 돌아오라 하셨나니

13 너희는 옷을 찢지 말고 마음을 찢고 너희 하나님 여호와께로 돌아올지어다 그는 은혜로우시며 자비로우시며 노하기를 더디하시며 인애가 크시사 뜻을 돌이켜 재앙을 내리지 아니하시나니

14 주께서 혹시 마음과 뜻을 돌이키시고 그 뒤에 복을 내리사 너희 하나님 여호와께 소제와 전제를 드리게 하지 아니하실는지 누가 알겠느냐

15 너희는 시온에서 나팔을 불어 거룩한 금식일을 정하고 성회를 소집하라

묵상

요엘 선지자는 이방 군대의 침입에 따른 여호와의 날에 대해 경고합니다. 그 심판은 매우 강력하기에 온 이스라엘에게 속히 회개할 것을 촉구하고 있습니다. "너희는 이제라도 금식하고 울며 애통하고"(욜 2:12).

금식의 핵심은 바로 "하나님께로 돌아오는 것"입니다(욜 2:12-13). 하나님은 진심으로 애통하며 회개하는 자에게 자비로우시고 노하기를 더디 하시는 분이십니다. 왜냐하면 인애가 크신 사랑의 하나님이시기 때문입니다(욜 2:13).

하나님은 회개하는 자에게 재앙을 돌이키시고 복을 내리실 수 있는 분이십니다(욜 2:13-14). 옷만 찢는 것은 회개하는 척하는 위선적인 행위입니다. 옷이 아니라 마음을 찢어야 합니다. 마치 제사에 바친 동물이 찢어져서 대신 죗값을 치르는 것처럼 굳은 마음, 강퍅한 마음을 찢어 불순종했던 지난날을 회개해야 합니다.

그래서 임박한 심판의 시기에 요엘 선지자는 '거룩한 금식일'을 정하고 성회를 소집하라고 명합니다(욜 2:15). 이 거룩한 금식일이 필요한 대상은 단지 개인만이 아니라 온 이스라엘입니다.

하나님을 떠나서 일어난 재앙과 심판이 임박한 때에는 공동체적인, 국가적인

금식과 회개가 필요합니다. 이것이 우리가 '거룩한 금식일'을 정하여 온 교회가 함께 기도하며 기도하는 이유입니다.

우리가 마땅히 금식하고 울며 애통해야 할 일은 무엇입니까? (욜 2:12)
금식의 목적은 무엇입니까? (욜 2:13)
나는 정말 옷이 아니라 마음을 찢어 회개하고 애통하고 있습니까? (욜 2:13)

회개할 것이 없다고 여기는 것 자체가 마음이 굳어졌다는 증거입니다. 오늘, 온종일 혹은 부분적으로 금식하며 하나님께 마음을 돌이킵시다. 회개할 때 자비하시고 뜻을 돌이키시는 하나님께 회복을 위하여 눈물로 간구합시다.

오늘의 기도

주님, 강퍅해진 마음을 열어 진심으로 회개하며 주님께로 돌아갑니다. 자비로우시고 인애가 크신 하나님, 우리의 회개를 받아주시고 회복의 은혜를 내려주옵소서.

Day 7 나의 기도

금식은 기도를 방해하는 모든 것으로부터의 금욕입니다. – 앤드류 보나

나라와 민족을 위한 기도

Day 7 열방을 위한 기도

Weekly Prayer List

기도와 금식으로
이번 한 주간을 준비하며
실천할 항목들을 자유롭게 적어
직접 체크해보시기 바랍니다

Day 8 _____ / _____

☐

☐

☐

☐

Day 11 _____ / _____

☐

☐

☐

☐

Day 12 _____ / _____

☐

☐

☐

☐

Could you men not keep watch with me for one hour? Mt 26:40 NIV

Day 9 ___ / ___

Day 10 ___ / ___

Day 13 ___ / ___

Day 14 ___ / ___

Date   ·   ·

본문 사무엘하 1:11-12

11 이에 다윗이 자기 옷을 잡아 찢으매 함께 있는 모든 사람도 그리하고
12 사울과 그의 아들 요나단과 여호와의 백성과 이스라엘 족속이 칼에 죽음
으로 말미암아 저녁 때까지 슬퍼하여 울며 금식하니라

묵상

다윗은 이스라엘의 왕 사울과 그의 아들 요나단이 죽었다는 소식을 듣고 슬
퍼하며 울며 금식으로 그들의 죽음에 애도를 표합니다(삼하 1:12).
다윗에게 사울은 원수와 같은 존재였습니다. 다윗은 사울 때문에 13년 동안
을 광야에서 도망자로 살아야만 했습니다. 다윗은 이미 기름부음을 받은 자
였기에 사울만 죽으면 왕이 될 수 있었습니다. 또한 다윗은 두 차례나 사울
을 죽일 수 있는 기회도 있었습니다.
하지만 다윗은 끝까지 원수 갚는 일을 모두 하나님께 맡겼습니다. 사적인 감
정 때문에 공적으로 세워진 하나님이 기름부으신 왕을 해할 수 없었습니다.
그러나 다윗이 슬퍼하며 금식하는 장면을 보면 그가 진정으로 사울의 죽음
을 애도하고 있다는 것을 알 수 있습니다. 왜냐하면 단지 사울의 죽음이 아
닌 하나님이 기름부으신 왕의 죽음이요, 하나님의 영광이 원수 블레셋에 의해
땅에 떨어진 사건이기 때문입니다.
한때는 쓰임받았던 자가 이제는 '과거의 사람', '어제의 사람'으로 전락한 일
에 대해 그는 슬퍼하고 애통해합니다. 이것이 다윗이 "하나님의 마음에 합한
자"라고 불린 이유이기도 합니다.
원수의 죽음을 기뻐하지 아니하고, 슬퍼하며 금식한 마음은 분열과 전쟁의
시기를 살아가는 이때에 화평케 하는 자들로 부름받은 그리스도인들이 가져
야 할 마음입니다.

사울의 죽음의 소식을 들은 다윗의 반응은 무엇이었습니까? (삼하 1:11-12)

내게 사울과 같은 존재는 누구입니까? 하나님은 내가 그를 위해 어떻게 반응하기를 원하신다고 생각하십니까?

오늘, 온종일 혹은 부분적으로 금식하고 기도하며 하나님께 나아가십시오. 하나님의 영광이 땅에 떨어진 사건을 위해 슬퍼하며 기도합시다. 원수를 미워했던 죄를 회개하며 오히려 원수를 위해 애통해하며 긍휼히 여기며 그를 위해 기도해보십시오.

주님, 제가 원수를 미워했던 죄를 회개하며 다윗처럼 그를 긍휼히 여기고 용서하게 하소서. 하나님의 영광이 회복되기를 간구하며 화평케 하는 자로 살아가게 하옵소서.

나의 기도

하나님의 영광의 현현에 대한 강한 갈망이 느껴지지 않는다면, 그것은 여러분이 깊이 마시고 만족했기 때문이 아니라, 세상의 잔칫상에서 너무 오래 조금씩 집어먹었기 때문입니다. 여러분의 영혼이 하찮은 것들로 가득 차 있어 위대한 것들을 담을 공간이 없습니다. – 존 파이퍼

나라와 민족을 위한 기도

본문 누가복음 5:29-35

29 레위가 예수를 위하여 자기 집에서 큰 잔치를 하니 세리와 다른 사람이 많이 함께 앉아 있는지라

30 바리새인과 그들의 서기관들이 그 제자들을 비방하여 이르되 너희가 어찌하여 세리와 죄인과 함께 먹고 마시느냐

31 예수께서 대답하여 이르시되 건강한 자에게는 의사가 쓸 데 없고 병든 자에게라야 쓸 데 있나니

32 내가 의인을 부르러 온 것이 아니요 죄인을 불러 회개시키러 왔노라

33 그들이 예수께 말하되 요한의 제자는 자주 금식하며 기도하고 바리새인의 제자들도 또한 그리하되 당신의 제자들은 먹고 마시나이다

34 예수께서 그들에게 이르시되 혼인 집 손님들이 신랑과 함께 있을 때에 너희가 그 손님으로 금식하게 할 수 있느냐

35 그러나 그 날에 이르러 그들이 신랑을 빼앗기리니 그 날에는 금식할 것이니라

묵상

예수님은 레위의 집에서 열린 잔치에 참여하셨습니다. 예수님은 병든 자들, 즉 세리들을 구원하기 위해 그 잔치에 참여하셨습니다. 이때 바리새인들과 서기관으로부터 당신의 제자들은 왜 금식하지 않느냐고 비판을 받습니다. 예수님은 혼인 잔치 때 신랑이 있을 경우에는 금식할 필요가 없다고 하셨습니다.

잔치는 '구원의 즐거움'을 상징합니다. 그러나 금식할 때가 있는데, 바로 신랑을 빼앗길 때입니다. 이 시기는 보통 예수님의 승천과 재림 사이의 기간을 의미합니다. 초대 교회는 '완전한 구원'에 대한 갈망이 있었습니다. 신랑이신 예수님이 성령으로 '이미' 우리와 함께하시지만, 육체적으로는 부재하시고, '아직' 재림하지 않으셨으며 병들어 죽어가는 영혼들이 너무 많습니다(already but not yet).

따라서 예수님은 교회가 바로 이 기간에 금식하는 것이 적절하다고 말씀하신 것입니다. 본문 말씀 35절의 금식해야 할 '그 날'은 원어로 보면 단수가 아니라 복수(those days, 그러한 날들)입니다. 금식해야 할 날들이 있다는 것입니다.

물론 이것은 율법이 아니라 권면입니다. 때와 날에 대한 자유함을 억압할 수는 없습니다. 각자 믿음에 따라 자기 마음으로 확정하고 반응하는 것입니다 (롬 14:5-6). 하지만 분명 예수님은 신랑이 부재한 때, 의사가 필요한 병든 자들, 구원받지 못한 자들이 있는 한, '그 날들'은 "금식해야 할 때"라고 말씀하십니다.

우리 주변에 예수님이 필요한 영적으로 병든 자는 누구입니까? (눅 5:31)
예수님은 언제 금식해야 한다고 말씀하셨습니까? (눅 5:35)

오늘, 온종일 혹은 부분적으로 금식하고 기도하며 하나님께 회개해보십시오. 영혼의 의사이신 예수님이 필요한 병든 자들을 위해 기도합시다. 예수님이 그들에게 성령으로 오시도록, 진정 예수님께서 다시 오시도록, "마라나타! 주 예수여, 어서 오시옵소서!"라고 기도합시다.

오늘의 기도

주님, 신랑이 부재한 이때 다시 오실 주님과 새 하늘, 새 땅을 갈망하며 금식으로 주님만 더욱 의지하게 하소서. 잃어버린 영혼들을 위해 기도하며, 온전히 주님의 뜻에 순종하는 삶을 살게 하옵소서.

나의 기도

금식 명언

금식은 우리의 몸에 고통을 가하거나 죄를 제거하는 것이 아닙니다. 후자는 회개에 해당하며 특정 시기에만 제한되지 않아야 합니다. 성경적 금식은 우리의 삶에서 너무 중요한 역할을 차지하게 된 좋은 것들을 절제하는 것입니다. 금식은 하나님께 대한 의존에 관한 것입니다. — 레이첼 마이어스

나라와 민족을 위한 기도

열방을 위한 기도

친밀함 1

본문 누가복음 2:36-38

36 또 아셀 지파 바누엘의 딸 안나라 하는 선지자가 있어 나이가 매우 많았더라 그가 결혼한 후 일곱 해 동안 남편과 함께 살다가

37 과부가 되고 팔십사 세가 되었더라 이 사람이 성전을 떠나지 아니하고 주야로 금식하며 기도함으로 섬기더니

38 마침 이 때에 나아와서 하나님께 감사하고 예루살렘의 속량을 바라는 모든 사람에게 그에 대하여 말하니라

묵상

안나 선지자는 아셀 지파의 유업을 받은 자로서 결혼 초기에 과부가 되었습니다. 그러나 그 이후 오직 하나님을 사모하는 마음으로, 연세가 많았음에도 불구하고 금식하며 기도하는 기도의 여인이 되었습니다.

그 당시에는 과부로 고령에 이른 자들을 존경하는 문화가 있었습니다. 왜냐하면 오랜 과부의 생활을 경건한 신앙의 표지로 보았기 때문입니다. 실제로 그녀는 성전을 떠나지 아니하고 밤낮 금식하며 기도로 하나님을 섬긴(worshipping, 예배한) 여인이었습니다(눅 2:37).

그녀가 하나님을 사모하였기에 성전에서 아기 예수를 본 것은 우연이 아닙니다. 시므온처럼 그녀 역시 그 아기가 평범한 아기가 아니라 '예루살렘'을 속량할 구원자임을 알아보았습니다. 그녀는 금식과 기도로 영적으로 매우 민감했기 때문에 그 아기가 누구인지 제대로 분별할 수 있었던 것입니다. 그녀는 하나님께 감사했습니다. 그녀는 구원을 기다리는 모든 사람에게 아기 예수에 대하여 증거하였습니다.

터툴리안은 말하기를 "금식은 큰 능력을 가지고 있습니다. 올바른 의도로 행해진다면, 금식은 하나님과 우정을 형성합니다. 이 사실을 악마들도 알고 있습니다"라고 했습니다.

안나는 바로 금식과 기도를 통해 하나님과 친밀함을 누리던 여선지자였습니

다. 하나님은 금식하며 기도하던 그녀에게 하나님의 뜻을 계시하셨습니다. 하나님은 자신에게 가까이 오는 자를 가까이하시는 분이십니다(약 4:8). 금식은 하나님께 더욱 친밀하도록 이끌어주는 은혜의 수단입니다.

안나 선지자가 아기 예수를 알아볼 수 있었던 이유는 무엇이었을까요? (눅 2:37)
아기 예수를 본 안나 선지자의 반응은 무엇이었습니까? (눅 2:38)

오늘, 온종일 혹은 부분적으로 금식하고 기도하며 하나님께 나아가십시오. 안나 선지자와 같이 금식하며 기도함으로 신실하신 하나님께 예배합시다. 하나님이면 충분합니다. 오직 하나님만 사랑합니다.

오늘의 기도

주님, 안나 선지자처럼 금식과 기도로 주님께 더욱 가까이 나아가게 하소서. 신실하신 하나님을 예배하며, 주님의 뜻을 분별하는 은혜를 허락하옵소서.

나의 기도

금식 명언

금식은 그것 자체가 목적이 아니라, 주님께 헌신하고 경건에 집중하기 위한 수단입니다. 이러한 금식은 우리의 자아 의지를 약화시키고, 성령께서 우리 안에서 더 깊은 일을 하시도록 초대합니다. - 빌 트래셔

나라와 민족을 위한 기도

다니엘은 모든 상황에서
하나님께 감사했습니다.
그는 하루 세 번씩 기도하며
감사의 기도를 올렸습니다.

감사는 다니엘 기도의
중요한 특징이자 원리입니다.

그는 심지어 자신이
사자 굴에 던져질 위기에 처한 상황에서도
하나님께 감사하며 기도했습니다.

하나님의 주권과 섭리를 믿고,
자신의 삶의 모든 상황이
하나님의 선한 계획 안에 있음을
확신했기 때문입니다.

본문 마태복음 6:16-18

16 금식할 때에 너희는 외식하는 자들과 같이 슬픈 기색을 보이지 말라 그들은 금식하는 것을 사람에게 보이려고 얼굴을 흉하게 하느니라 내가 진실로 너희에게 이르노니 그들은 자기 상을 이미 받았느니라
17 너는 금식할 때에 머리에 기름을 바르고 얼굴을 씻으라
18 이는 금식하는 자로 사람에게 보이지 않고 오직 온밀한 중에 계신 네 아버지께 보이게 하려 함이라 온밀한 중에 보시는 네 아버지께서 갚으시리라

묵상

예수님은 제자들이 구제와 기도를 하는 것처럼 금식도 일상에서 자연스럽게 행해야 할 영적 습관으로 제시하셨습니다.

뛰어난 설교가로서 "황금의 입"이라 불렸던 존 크리소스톰은 "육체의 금식은 영혼의 양식이다. 육체적 음식이 몸을 살찌우듯, 금식은 영혼을 강하게 한다"라고 했습니다. 문제는 금식의 여부가 아니라 방식이었는데, 금식은 은밀히 행해야 했습니다. 금식하는 자가 금식하고 있음을 드러내는 것은 외식하는 행위에 속한 것이며, 금식의 동기가 잘못된 것임을 말씀하셨습니다.

금식은 은밀한 중에 계신 하나님께 자신의 슬픔과 애통을 보이기 위함입니다(마 6:18). 하나님께서는 오직 하나님과 그 사람 사이의 은밀하고 내적인 관계를 중시하십니다.

설령 공동체가 함께 금식에 참여하고 있더라도, 금식이 내적이고 은밀하게 진행되어야 함을 잊어서는 안 됩니다. 자칫하면 금식하는 것이 외적인 자랑이 될 수 있고, 그것은 금식에 유익이 되지 못합니다.

하나님은 은밀한 중에 보십니다. 우리가 진정 주님과 더 가까워지고 싶은지, 주님을 더 알고 싶은지 모두 아십니다. 그런 순수한 갈망을 가진 자에게 하나님 아버지께서 모두 갚아주실 것입니다.

금식의 바른 외적인 태도는 무엇입니까? (마 6:16-17)
금식은 어떠한 동기로 해야 합니까? (마 6:18)

오늘, 온종일 혹은 부분적으로 금식하고 기도하며 하나님께 나아가십시오.
자신의 슬픔과 애통을 주님께 드러내고 은밀한 중에 갚으실 하나님을 신뢰
하십시오.

오늘의 기도

주님, 은밀한 금식을 통해 오직 주님께만 슬픔과 애통을 드리게 하소서. 우리
의 순수한 갈망을 보시고 은혜로 응답해주옵소서.

Day 11 나의 기도

나라와 민족을 위한 기도

열방을 위한 기도

본문 마태복음 4:1–11

1 그 때에 예수께서 성령에게 이끌리어 마귀에게 시험을 받으러 광야로 가사

2 사십 일을 밤낮으로 금식하신 후에 주리신지라

3 시험하는 자가 예수께 나아와서 이르되 네가 만일 하나님의 아들이어든 명하여 이 돌들로 떡덩이가 되게 하라

4 예수께서 대답하여 이르시되 기록되었으되 사람이 떡으로만 살 것이 아니요 하나님의 입으로부터 나오는 모든 말씀으로 살 것이라 하였느니라 하시니

5 이에 마귀가 예수를 거룩한 성으로 데려다가 성전 꼭대기에 세우고

6 이르되 네가 만일 하나님의 아들이어든 뛰어내리라 기록되었으되 그가 너를 위하여 그의 사자들을 명하시리니 그들이 손으로 너를 받들어 발이 돌에 부딪치지 않게 하리로다 하였느니라

7 예수께서 이르시되 또 기록되었으되 주 너의 하나님을 시험하지 말라 하였느니라 하시니

8 마귀가 또 그를 데리고 지극히 높은 산으로 가서 천하 만국과 그 영광을 보여

9 이르되 만일 내게 엎드려 경배하면 이 모든 것을 네게 주리라

10 이에 예수께서 말씀하시되 사탄아 물러가라 기록되었으되 주 너의 하나님께 경배하고 다만 그를 섬기라 하였느니라

11 이에 마귀는 예수를 떠나고 천사들이 나아와서 수종드니라

묵상

예수님은 공생애 사역을 시작하시기에 앞서 먼저 세례를 받으셨고, 하나님으로부터 "이는 내 사랑하는 아들이요 내 기뻐하는 자라"라는 음성을 들었습니다. 그리고 성령께서는 그를 마귀에게 시험받는 광야로 인도하셨습니다. 그때 예수님은 40일을 밤낮으로 금식하셨습니다. 이것은 육신의 소욕을 철저히 죽이고 성령의 소욕을 좇기 위함이었습니다.

마귀는 예수님을 세 번 유혹합니다. 헨리 나우웬은 그의 책《예수님의 이름으로》에서 마귀의 이 세 가지 유혹을 "적합한 사람이 되고 싶은 유혹", "대단한 사람이 되고 싶은 유혹", "힘 있는 사람이 되고 싶은 유혹"이라고 정의했습니다. 사람은 누구나 자신의 우상들이 있습니다. 유용하고 적합하고, 대단한 사람, 힘 있는 사람이 되고 싶은 마음이 우상을 만들어내는 동기가 됩니다. 그래서 마귀는 시작부터 예수님의 삶의 방향을 왜곡시키고자 했습니다. 하지만 예수님은 말씀으로 그 유혹을 물리치셨습니다. "하나님의 말씀으로 살라.", "주 너의 하나님을 시험하지 말라.", "주 너의 하나님께 경배하고 다만 그를 섬기라."

또 능력 있는 기도의 사람이었던 E. M. 바운즈는 "깊은 겸손과 고백의 금식과 기도의 시간은 강력한 사역이 시작되는 조건"이라고 했습니다. 새로운 사업을 앞두고 계십니까? 새로운 직분과 직책을 맡으셨습니까? 자신의 동기를 점검해야 합니다. 새롭게 시작할 때 마귀는 이 세 가지를 가지고 우리를 유혹하려고 하기 때문입니다.

인생의 새로운 전환점에서 금식은 우리로 하여금 하나님의 말씀에 귀 기울이게 하고, 하나님을 신뢰하며, 하나님만 섬기게 하도록 돕습니다. 우리의 왜곡되고 헛된 욕망을 십자가에 못 박고, 오직 하나님의 영광을 위해, 하나님만 드러내고 섬기는 자가 되어야 합니다.

예수님이 받으신 유혹들은 무엇입니까? (마 4:3,6,8-9)
예수님은 어떻게 유혹들을 이기셨습니까? (마 4:4,7,10)

오늘, 온종일 혹은 부분적으로 금식하고 기도하며 하나님께 나아가십시오. 새로운 시작을 앞두고 내 마음속에 깊은 동기를 살펴보십시오. 오직 하나님만 경배하고 높이며, 주만 섬길 것을 결단하며 기도해보십시오.

주님, 새로운 시작에 앞서 내 마음의 동기를 점검하며 오직 주님만 경배하고 섬기기를 결단합니다. 말씀과 기도로 유혹을 이기게 하시고, 모든 것이 하나님의 영광을 위한 삶이 되게 하옵소서.

금식 명언

아마도 우리의 사역에 가장 큰 장애물은 우리가 스스로 강하다고 착각하는 것입니다. 금식을 통해 우리는 우리가 얼마나 보잘것없고 약한 존재인지 배우게 됩니다. 우리 힘의 근원으로 삼기 쉬운 조그마한 힘마저도 한 끼 식사에 의존하고 있다는 사실을 깨닫습니다.

– 허드슨 테일러

나라와 민족을 위한 기도

열방을 위한 기도

13 새로운 시작 2

Date   .   .   .

본문 사도행전 9:3-11

3 사울이 길을 가다가 다메섹에 가까이 이르더니 홀연히 하늘로부터 빛이 그를 둘러 비추는지라

4 땅에 엎드려 들으매 소리가 있어 이르시되 사울아 사울아 네가 어찌하여 나를 박해하느냐 하시거늘

5 대답하되 주여 누구시니이까 이르시되 나는 네가 박해하는 예수라

6 너는 일어나 시내로 들어가라 네가 행할 것을 네게 이를 자가 있느니라 하시니

7 같이 가던 사람들은 소리만 듣고 아무도 보지 못하여 말을 못하고 서 있더라

8 사울이 땅에서 일어나 눈은 떴으나 아무 것도 보지 못하고 사람의 손에 끌려 다메섹으로 들어가서

9 사흘 동안 보지 못하고 먹지도 마시지도 아니하니라

10 그 때에 다메섹에 아나니아라 하는 제자가 있더니 주께서 환상 중에 불러 이르시되 아나니아야 하시거늘 대답하되 주여 내가 여기 있나이다 하니

11 주께서 이르시되 일어나 직가라 하는 거리로 가서 유다의 집에서 다소 사람 사울이라 하는 사람을 찾으라 그가 기도하는 중이니라

묵상

그리스도인들을 박해하던 사울은 다메섹으로 가던 도중 예수 그리스도의 음성을 듣습니다. 또 환한 빛으로 인해 그의 눈은 앞을 볼 수 없는 상태가 되어 사흘간 비자발적으로 보지 못하고 먹지도 마시지도 못하게 됩니다. 그러나 그는 사흘간 가만히 있었던 것이 아니었습니다. 본문 말씀 11절을 보면 사울은 기도하고 있었습니다.

무슨 기도를 하고 있었을까요? 아마도 그가 지금까지 행해왔던 모든 일들이 실은 하나님을 위한 일이 아니라 하나님을 대적하는 일이었음을 깨달았을

것입니다. 자신의 죄에 대한 회개와 함께 앞으로 주님께서 인도하시는 삶을 살기 위해 인도함을 구하는 기도를 드리고 있었을 것입니다.

하나님께서는 사울의 기도를 들으시고 아나니아를 보내십니다. 그를 통해 앞으로 사울이 어디에서 무엇을 해야 하며, 남은 인생을 어떠한 목적을 위해 살아야 하는지를 알게 하십니다.

사울은 예수님이 택하신 "나의 그릇"이었습니다 (행 9:15). 주님은 금식하며 기도하던 사울을 성령으로 충만하게 하십니다 (행 9:17). 사울은 자신의 인생의 새로운 시작을 앞두고 비록 반강제적으로 금식하기는 하였지만, 분명 금식하며 기도했던 사흘간의 시간은 그의 인생에 잊을 수 없는 변화의 시간이었습니다.

사울은 사흘 동안 어떤 상태로 있었습니까? (행 9:9)
주님은 사울이 무엇을 하고 있었다고 말씀하셨습니까? (행 9:11)

오늘, 온종일 혹은 부분적으로 금식하고 기도하며 하나님께 인도함을 구해 보십시오. 사울처럼 사흘간 금식할 수도 있습니다. 그러나 중요한 것은 하나님의 인도함을 전적으로 구하는 태도입니다. 지난 자신의 삶을 되돌아보며 회개하고, 철저하게 주님의 인도하심 따라 살겠다고 결단해 보십시오.

오늘의 기도

주님, 사울처럼 회개의 자리에서 주님의 인도하심을 간구하며 기도하게 하소서. 남은 여생을 오직 주님의 뜻을 분별하여 주님의 마음을 품고 순종하며 살아가게 하소서.

나의 기도

성경은 금식이 하나님께 우리의 요구를 강요하는 일종의 영적 단식 투쟁이라고 가르치지 않습니다. 우리가 하나님의 뜻에 벗어난 것을 구할 때, 금식은 하나님께서 그 뜻을 바꾸시도록 하지는 않습니다. 금식은 하나님의 듣는 귀를 변화시키는 것이 아니라 우리의 기도를 변화시킵니다. 금식은 하나님께로부터 명확한 인도를 받을 것을 보장하지 않습니다. 그러나 올바르게 행해질 때, 금식은 우리를 인도하시고자 하는 하나님께 더 민감하게 반응하도록 만듭니다. -도널드 휘트니

Day 13 나라와 민족을 위한 기도

Day 13 열방을 위한 기도

본문 사도행전 13:1-3

¹ 안디옥교회에 선지자들과 교사들이 있으니 곧 바나바와 니게르라 하는 시므온과 구레네 사람 루기오와 분봉 왕 헤롯의 젖동생 마나엔과 및 사울이라
² 주를 섬겨 금식할 때에 성령이 이르시되 내가 불러 시키는 일을 위하여 바나바와 사울을 따로 세우라 하시니
³ 이에 금식하며 기도하고 두 사람에게 안수하여 보내니라

묵상

초대 교회 때 영적 지도자를 세우는 일은 매우 중요했습니다. 예수님께서 승천하시고 성령을 보내주셨고, 사도들을 중심으로 교회의 지도자들이 세워졌습니다. 그 후에도 하나님은 바나바와 사울을 교회의 지도자로 택하시고 소아시아 선교의 사명을 맡기셨습니다.

이때 안디옥교회는 금식하며 주님을 예배하고 섬기던 중에 성령의 음성을 듣습니다. 그들이 금식하며 기도하고 있었기에 성령의 인도하심을 정확히 받을 수 있었습니다. 안디옥교회 리더십은 성령의 말씀에 따라 바나바와 사울을 따로 세웁니다.

이들은 다시 금식하면서 기도하고 성령께서 바나바와 사울에게 맡기실 사명을 그들이 온전히 감당할 수 있도록 기도합니다. 그들은 바나바와 사울에게 안수하고 1차 선교를 위해 그들을 파송합니다.

리더를 세우거나 선교사를 파송할 때, 세례를 줄 때, 초대 교회에는 금식하며 기도하는 전통이 있었습니다. 왜냐하면 금식하며 오직 하나님의 명확한 인도하심을 분별하고 육신의 소욕을 막으며 성령의 세밀한 음성을 듣기 위함이었습니다.

사도행전 13장은 금식하는 가운데 성령의 음성을 듣고, 금식하는 가운데 선교사를 파송하는 대표적인 예를 보여줍니다. 오늘날 교회의 중직자를 세울 때 금식하며 기도하는 이 전통을 다시 회복해야 합니다. 성령을 따라 인도함

을 받을 때 초대 교회와 같은 놀라운 부흥의 역사가 일어날 것입니다.

성령께서 말씀하시기 전에 안디옥교회 성도들은 무엇을 하고 있었습니까?
(행 13:2)
안디옥교회가 바나바와 사울을 파송하기 이전에 무엇을 했습니까? (행 13:3)

오늘, 온종일 혹은 부분적으로 금식하고 기도하며 하나님께 인도함을 구해
보십시오. 금식을 통해 육신의 소욕을 부인하고, 성령의 음성에 민감하게 귀
기울여보십시오. 성령이 말씀하실 때 그대로 순종해보십시오.

오늘의 기도

주님, 금식과 기도로 성령의 음성에 민감하게 반응하며 주님의 인도하심을
따르게 하소서. 안디옥교회처럼 오직 성령을 따라 행함으로 주님이 맡기신
선교적 사명을 온전히 감당하게 하옵소서.

나의 기도

"금식은 하나님을 변화시키는 것이 아닙니다. 그것은 하나님의 승인을 얻기 위한 신비한 훈련이 아닙니다. 금식은 나의 세계를 바꾸는 것이 아니라, 하나님께서 내 마음을 그분의 목적에 맞추시도록 내어드리는 것입니다." – 알렉스 지

나라와 민족을 위한 기도

Day 14 열방을 위한 기도

Weekly Prayer List

기도와 금식으로
이번 한 주간을 준비하며
실천할 항목들을 자유롭게 적어
직접 체크해보시기 바랍니다

Day 15 _____ / _____

☐

☐

☐

☐

Day 18 _____ / _____

☐

☐

☐

☐

Day 19 _____ / _____

☐

☐

☐

☐

Watch and pray so that you will not fall into temptation   Mt 26:41 NIV

Day 16 ___ / ___

☐

☐

☐

☐

Day 17 ___ / ___

☐

☐

☐

☐

Day 20 ___ / ___

☐

☐

☐

☐

Day 21 ___ / ___

☐

☐

☐

☐

본문 사도행전 14:19-23

19 유대인들이 안디옥과 이고니온에서 와서 무리를 충동하니 그들이 돌로 바울을 쳐서 죽은 줄로 알고 시외로 끌어 내치니라

20 제자들이 둘러섰을 때에 바울이 일어나 그 성에 들어갔다가 이튿날 바나바와 함께 더베로 가서

21 복음을 그 성에서 전하여 많은 사람을 제자로 삼고 루스드라와 이고니온과 안디옥으로 돌아가서

22 제자들의 마음을 굳게 하여 이 믿음에 머물러 있으라 권하고 또 우리가 하나님의 나라에 들어가려면 많은 환난을 겪어야 할 것이라 하고

23 각 교회에서 장로들을 택하여 금식 기도 하며 그들이 믿는 주께 그들을 위탁하고

묵상

바울은 선교하는 가운데 많은 핍박을 받았습니다. 그는 루스드라에서 돌에 맞아 죽을 뻔하기도 했습니다. 스데반은 돌에 맞아 순교했지만, 하나님은 바울을 살려주셨습니다. 바울은 루스드라와 이고니온과 안디옥으로 돌아가 제자들이 굳건한 믿음 가운데 머물러 있도록 격려합니다.

바울과 바나바는 각 교회에서 장로들을 택합니다. 장로는 그 당시 각 교회의 담임자와 같은 자들입니다. 교회의 최고 책임자들을 세울 때 그들은 금식하며 기도했습니다. 왜냐하면 하나님나라를 위한 지도자를 세우는 일이었을 뿐만 아니라, 그 사명은 결코 쉬운 길이 아니며 많은 환난을 겪는 일이기 때문입니다.

사도행전 14장은 금식기도가 지도자를 세울 때 흔히 사용되었던 초대 교회의 방식이었음을 드러내는 좋은 예입니다. 지도자 자신의 편견과 선입견을 내려놓고 오직 성령의 인도하심을 따라 지도자를 세웠습니다.

바울과 바나바는 수시로 금식하며 기도했고, 성령의 인도함을 구했으며, 오

직 주님만 의지하며 신뢰했습니다. 하나님께서 바울과 바나바를 통해 이방인들에게 믿음의 문을 열어 주셨던 역사는 금식하며 기도한 일과 결코 무관하지 않습니다(행 14:27).

바울이 루스드라, 이고니온, 안디옥에서 행한 일은 무엇입니까? (행 14:21,23) 바울이 장로들을 택할 때 무엇을 하였습니까? (행 14:23)

오늘, 온종일 혹은 부분적으로 금식하고 기도하며 하나님께 회개해보십시오. 성령의 인도하심을 따라 세워져야 할 사람들은 누구인지 분별하며 그들을 위해 기도해보십시오. 또한 믿지 않는 이들의 믿음의 문이 활짝 열리도록 기도해보십시오.

오늘의 기도

주님, 금식과 기도로 성령의 인도하심을 따라 주님의 사명을 감당할 지도자를 세우게 하소서. 믿지 않는 이들에게도 믿음의 문을 열어주셔서 그들이 주님을 알게 하옵소서.

나의 기도

금식 명언

진정한 금식은 어떤 특별한 영적 목적을 위해 그 자체로 정당하고 합법적인 것들로부터 금욕하는 것을 포함해야 합니다. 정상적이고 합법적인 신체 활동도 특별한 상황에서는 제어되어야 합니다. 이것이 바로 금식입니다. – 마틴 로이드 존스

나라와 민족을 위한 기도

본문 역대하 20:1-4,22-23

1 그 후에 모압 자손과 암몬 자손들이 마온 사람들과 함께 와서 여호사밧을 치고자 한지라

2 어떤 사람이 와서 여호사밧에게 전하여 이르되 큰 무리가 바다 저쪽 아람에서 왕을 치러 오는데 이제 하사손다말 곧 엔게디에 있나이다 하니

3 여호사밧이 두려워하여 여호와께로 낯을 향하여 간구하고 온 유다 백성에게 금식하라 공포하매

4 유다 사람이 여호와께 도우심을 구하려 하여 유다 모든 성읍에서 모여와서 여호와께 간구하더라

22 그 노래와 찬송이 시작될 때에 여호와께서 복병을 두어 유다를 치러 온 암몬 자손과 모압과 세일 산 주민들을 치게 하시므로 그들이 패하였으니

23 곧 암몬과 모압 자손이 일어나 세일 산 주민들을 쳐서 진멸하고 세일 주민들을 멸한 후에는 그들이 서로 쳐죽였더라

묵상

유다의 선한 왕이었던 여호사밧 시대에 모압 자손과 암몬 자손들이 마온 사람들과 함께 그를 치고자 했습니다. 여호사밧은 두려웠습니다(대하 20:2-3). 아무리 여호사밧 왕이라 할지라도 연합군이 쳐들어올 때는 인간적으로 두려울 수밖에 없습니다.

그는 곧바로 하나님께 얼굴을 향하여 기도합니다. 그리고 온 유다 백성들에게 금식을 선포합니다. 그러자 유다 사람들이 하나님께 도우심을 얻기 위해 모든 성읍에서 모여와서 간구하기 시작합니다.

사실 여호사밧이 위기를 당한 이유는 그가 하나님이 미워하셨던 악한 왕 아합과 동맹을 맺고 화친을 맺었기 때문입니다(대하 19:2). 선견자 예후는 그 일로 인해 화가 있을 것을 예언한 적이 있습니다. 여호사밧은 그 말을 기억하고 있었을 것입니다. 여호사밧은 금식하며 기도할 때 자신의 죄를 회개하고 전

적으로 하나님만 의지하기로 합니다.

그는 솔로몬이 드렸던 기도와 약속에 근거하여 말씀으로 기도합니다(대하 20:9). 결국 하나님께서는 그의 간절한 금식기도에 응답하십니다. 하나님은 야하시엘을 통해 두려워하거나 놀라지 말라고 말씀하십니다. 전쟁은 하나님께 속해 있기 때문입니다. 결국 하나님은 유다를 보호해주셨고, 그들은 승리를 거두었으며 하나님이 주신 평강을 누립니다(대하 20:30).

전쟁의 위기 속, 여호사밧의 반응은 무엇이었습니까? (대하 20:3)
전쟁의 위기 속, 유다 사람들은 어떻게 행동했습니까? (대하 20:4)
금식하며 하나님께 기도한 결과는 무엇입니까? (대하 20:22-23)

오늘, 온종일 혹은 부분적으로 금식하고 기도하며 하나님의 보호하심을 간구하십시오. 여호사밧의 금식과 기도에는 과거 아합과의 관계에 대한 회개가 담겨 있었을 것입니다. 그러나 하나님은 자신의 얼굴을 구하는 자들에게 자비와 은혜, 보호를 베풀어주시는 분이십니다. 위기의 상황에서 하나님의 보호하심을 간구할 때, 그분께서는 우리의 방패가 되어주십니다.

오늘의 기도

주님, 여호사밧처럼 위기 속에서 두려워하지 않고 금식과 기도로 주님의 도우심을 간구하게 하소서. 우리의 약함을 고백할 때 주님의 은혜와 보호로 채워주옵소서.

나의 기도

하나님은 약함에 이끌리십니다. 우리가 겸손하고 정직하게, 얼마나 절실히 그분이 필요한지 인정할 때 하나님은 저항할 수 없습니다. 우리가 빈 그릇일 때 그분은 은혜, 사랑, 선함으로 우리를 가득 채우기를 원하십니다. 이것이 하나님의 끌림의 법칙입니다. – 젠젠 프랭클린

Day 16 나라와 민족을 위한 기도

Day 16　열방을 위한 기도

본문 에스라 8:21-23

21 그 때에 내가 아하와 강 가에서 금식을 선포하고 우리 하나님 앞에서 스스로 겸비하여 우리와 우리 어린 아이와 모든 소유를 위하여 평탄한 길을 그에게 간구하였으니

22 이는 우리가 전에 왕에게 아뢰기를 우리 하나님의 손은 자기를 찾는 모든 자에게 선을 베푸시고 자기를 배반하는 모든 자에게는 권능과 진노를 내리신다 하였으므로 길에서 적군을 막고 우리를 도울 보병과 마병을 왕에게 구하기를 부끄러워 하였음이라

23 그러므로 우리가 이를 위하여 금식하며 우리 하나님께 간구하였더니 그의 응낙하심을 입었느니라

묵상

에스라는 2차 포로 귀환의 지도자로서 백성들을 이끌고 본국 유다로 귀환합니다. 그러나 수만 명의 무리들을 이끌고 1,000킬로미터 가까이 되는 먼 여정을 가는 것은 매우 위험한 길이 아닐 수 없었습니다. 그래서 에스라는 아하와 강가에서 금식을 선포합니다(스 8:21). 하나님 앞에서 겸비하여 기도하되 장년과 아이들의 건강과 모든 소유가 안전할 수 있도록, 평탄한 여정이될 수 있도록 간구합니다.

에스라는 아닥사스다 왕에게 자신들을 지켜줄 군대를 보내달라고 얼마든지 요청할 수도 있었습니다. 그러나 그는 하나님께서 자기를 찾는 자들에게 선을 베푸시는 분이라고 증언한 적이 있었습니다. 에스라는 이번 귀환의 여정이그 말을 증명할 기회라고 믿었습니다.

그래서 에스라는 금식하며 하나님께 간구하였습니다. 그의 기도는 단지 자신들을 보호해달라는 정도가 아니라 하나님께서는 자신들을 찾는 이들에게선을 베푸시고 보호하시는 선하신 분임을 온 천하가 알게 해달라는 '선교적기도'였습니다.

하나님은 에스라와 백성들의 기도에 응답해주셔서 그들을 모두 안전하게 본국으로 돌아갈 수 있도록 보호해주셨습니다.

포로 귀환 여정에서 에스라가 했던 일은 무엇이었습니까? (스 8:21)
에스라가 왕에게 보호하심을 구하지 않았던 이유는 무엇이었습니까? (스 8:22)
에스라의 금식과 간구에 하나님은 어떻게 대하셨습니까? (스 8:23)

오늘, 온종일 혹은 부분적으로 금식하고 기도하며 하나님께 보호하심을 간구하십시오. 하나님은 에스라와 백성들의 금식과 기도에 신실하게 응답하셨습니다. 어떠한 보호하심이 필요하십니까? 하나님의 손은 자기를 찾는 모든 자에게 선을 베푸십니다. 하나님의 손의 선하심과 보호하심의 은혜를 누리시기를 축복합니다.

오늘의 기도

주님, 에스라처럼 금식과 기도로 가정과 교회와 나라를 향한 주님의 선하심과 보호하심을 간구합니다. 우리의 여정을 주님의 신실한 손길로 지켜주시고, 그 가운데 주님의 영광이 드러나게 하옵소서.

Day 17 나의 기도

금식은 하나님의 명령에 순종하는 것입니다. 반면 단식 투쟁은 하나님이 우리의 요구에 굴복하게 만드는 것입니다. – 에드 콜

나라와 민족을 위한 기도

Day 17 열방을 위한 기도

18 영적 전쟁 1

본문 에베소서 6:11-13,18-20

11 마귀의 간계를 능히 대적하기 위하여 하나님의 전신 갑주를 입으라
12 우리의 씨름은 혈과 육을 상대하는 것이 아니요 통치자들과 권세들과 이 어둠의 세상 주관자들과 하늘에 있는 악의 영들을 상대함이라
13 그러므로 하나님의 전신 갑주를 취하라 이는 악한 날에 너희가 능히 대적하고 모든 일을 행한 후에 서기 위함이라
18 모든 기도와 간구를 하되 항상 성령 안에서 기도하고 이를 위하여 깨어 구하기를 항상 힘쓰며 여러 성도를 위하여 구하라
19 또 나를 위하여 구할 것은 내게 말씀을 주사 나로 입을 열어 복음의 비밀을 담대히 알리게 하옵소서 할 것이니
20 이 일을 위하여 내가 쇠사슬에 매인 사신이 된 것은 나로 이 일에 당연히 할 말을 담대히 하게 하려 하심이라

묵상

그리스도인의 삶은 영적 전쟁입니다. 마귀의 간계는 다양하며 그의 공격은 멈춤이 없습니다. 우리의 싸움은 혈과 육을 상대하는 것이 아니라 악한 영들을 상대하는 것입니다. 문제는 악한 영들과 싸우기도 전에 혈과 육의 문제로 진다는 사실입니다.

육신의 정욕, 탐욕, 혈기, 분노, 이런 졸개들과 싸우다가 정작 악한 영들을 상대해보지도 못한 채 전투에서 패배하고 맙니다. 그래서 사막 교부들을 비롯하여 영적 지도자들에게 식탐을 물리치는 일이 영적 전쟁의 시작이라고 했습니다.

식탐을 물리치지 않고서는 영적인 죄인 허영과 시기와 교만을 이길 수 없습니다. 그러므로 우리는 하나님의 전신갑주를 입어야 합니다. 무엇보다 모든 기도와 간구를 하되 항상 성령 안에서 기도해야 합니다(엡 6:18).

모든 기도와 간구라는 말은 우리가 취할 수 있는 모든 형태의 기도와 간구를

말합니다. 통성기도, 침묵기도, 합심기도, 골방기도, 화살기도, 걷는 기도 등 모든 종류의 기도를 해야 하는데, 여기에 금식기도가 포함되어 있습니다. 예수님께서 광야에서 금식하며 사탄을 대적하셨듯이, 금식하며 기도하는 것은 어둠의 세상 주관자들과 악한 영들을 대적하는 데 있어서 꼭 필요한 무기가 됩니다. 존 칼빈도 말하기를 "사람들이 하나님께 큰 문제에 대해 기도해야 할 때는 기도와 함께 금식을 병행하는 것이 유익하다"라고 했습니다.

금식하며 기도할 기도의 세 방면이 있습니다. 하나님께 기도하고, 마귀에 대적하며 기도하고, 성도를 위하여 구해야 합니다(엡 6:18). 모든 기도와 간구를 통해 기도의 거미줄을 쳐서 마귀의 간계가 틈타지 못하도록 막아야 합니다. 특히 예수님께서 기도와 금식 외에는 이런 류가 나갈 수 없다고 하신 것처럼 영적 전쟁이 치열할 때는 더더욱 금식하며 기도하며 항상 성령 안에서 깨어 기도해야 합니다.

그리스도인의 삶은 어떤 상태라고 말씀합니까? (엡 6:11-12)
모든 기도와 간구에는 무엇이 포함되어 있나요? (엡 6:18)

오늘, 온종일 혹은 부분적으로 금식하고 기도하며 하나님께 간구해보십시오. 영적 전쟁이 치열할수록 우리의 무기도 다양해야 합니다. 모든 기도와 간구가 동원되어야 합니다. 특히 예수님께서 마귀의 유혹을 받으실 때 금식하셨던 것처럼, 금식기도는 영적 전쟁에서 승리할 수 있도록 돕는 중요한 도구입니다.

오늘의 기도

주님, 영적 전쟁에서 승리할 수 있도록 모든 기도와 간구로 깨어 있게 하소서. 금식과 기도로 성령 안에서 무장하며, 악한 영들을 담대히 대적하게 하옵소서.

나의 기도

금식의 훈련을 진지하게 받아들이면 저항과 방해 그리고 반대에 직면하게 될 것입니다. 이를 예상하고 준비하십시오. 영적 여정에서 진보하며 하나님의 나라를 위해 땅을 차지하려는 것은 적에게서 땅을 빼앗는 것을 의미합니다. 성령의 큰 움직임은 적의 도전을 피할 수 없습니다. – 엘머 타운즈

나라와 민족을 위한 기도

순종하려 할수록
더 막힌다면
이렇게 깨달아야 합니다.

'아, 하나님께서
정말 기뻐하시는 일이구나.
마귀가 방해할 정도로
중요한 일이구나.'

이때 기도 응답이 지연되거나
응답이 없다고 낙심해서는 안 됩니다.

그것이 마귀가 원하는 일입니다.
바로 그때 기도의 자리로
더 나아가야 합니다.

영적 전쟁 2

본문 마가복음 9:25-29

25 예수께서 무리가 달려와 모이는 것을 보시고 그 더러운 귀신을 꾸짖어 이르시되 말 못하고 못 듣는 귀신아 내가 네게 명하노니 그 아이에게서 나오고 다시 들어가지 말라 하시매

26 귀신이 소리 지르며 아이로 심히 경련을 일으키게 하고 나가니 그 아이가 죽은 것 같이 되어 많은 사람이 말하기를 죽었다 하나

27 예수께서 그 손을 잡아 일으키시니 이에 일어서니라

28 집에 들어가시매 제자들이 조용히 묻자오되 우리는 어찌하여 능히 그 귀신을 쫓아내지 못하였나이까

29 이르시되 기도 외에 다른 것으로는 이런 종류가 나갈 수 없느니라 하시니라

Matthew 17:21 KJV

Howbeit this kind goeth not out but by prayer and fasting.
기도와 금식이 아니면 이런 류가 나가지 아니하느니라

묵상

본문 말씀을 보면 얼마 전 귀신을 쫓아냈던 제자들이 귀신이 들린 아이를 능히 고치지 못했습니다. 그때 예수님께서 더러운 귀신을 꾸짖어 쫓아내시고 아이를 치유하십니다. 제자들은 왜 자신들이 능히 귀신을 쫓아내지 못하였는지 물었는데 주님은 이렇게 대답하셨습니다. "기도 외에 다른 것으로는 이런 종류가 나갈 수 없다."

병행 구절인 마태복음 17장 21절에 보면 한글 성경에 "21절 없음"이라고 되어 있지만, 킹제임스성경(KJV)에는 "기도와 금식이 아니면 이런 류가 나가지 아니하느니라"라고 되어 있습니다.

사본에 따라 '금식'을 넣기도 하고 빼기도 합니다. 왜냐하면 더 많은 사본에 '금식'이 빠져 있기 때문입니다. 그러나 그 기도에 금식이 포함되어 있다고 해

서 꼭 틀린 말은 아닙니다. 예수님이 금식하며 기도하셨기 때문입니다. 결국 중요한 것은 '믿음의 기도', '하나님만 의지하는 기도'입니다. 제자들이 어느 순간 자신들의 힘을 의지하기 시작하면서 그것에 실패한 것입니다.
기도가 없이는 영적 전쟁에서 승리할 수 없습니다. 그러므로 시험에 들지 않고 깨어 있도록, 승리하도록 기도합시다.

제자들이 능히 귀신을 쫓아내지 못한 이유는 무엇이었습니까? (막 9:29)
우리가 쫓아내야 할 악한 영의 역사는 무엇입니까?

오늘, 온종일 혹은 부분적으로 금식하고 기도하십시오. 지금도 악한 영들은 사람들을 괴롭히고 그들의 생각과 마음을 장악하려 합니다. 악한 시대일수록 육신의 소욕을 부인하고 성령을 따르는 금식기도가 절실합니다. 금식과 기도로 하나님을 의지하여 마귀의 역사를 이겨내십시오.

오늘의 기도

주님, 기도와 금식으로 주님만을 의지하며 영적 전쟁에서 승리하게 하소서. 믿음의 기도를 통해 악한 영들의 역사를 물리치고 주님의 능력을 경험하게 하옵소서.

금식의 목적은 우리를 이 세상이나 물질적 환경에서 어느 정도 자유롭게 하여 보이지 않는 것과 영원한 것에 모든 영적 능력을 집중하게 하는 것입니다. – 올레 할레스비

열방을 위한 기도

24 그 이튿날에 이스라엘 자손이 베냐민 자손을 치러 나아가매

25 베냐민도 그 이튿날에 기브아에서 그들을 치러 나와서 다시 이스라엘 자손 만 팔천 명을 땅에 엎드러뜨렸으니 다 칼을 빼는 자였더라

26 이에 온 이스라엘 자손 모든 백성이 올라가 벧엘에 이르러 울며 거기서 여호와 앞에 앉아서 그 날이 저물도록 금식하고 번제와 화목제를 여호와 앞에 드리고

27 이스라엘 자손이 여호와께 물으니라 그 때에는 하나님의 언약궤가 거기 있고

28 아론의 손자인 엘르아살의 아들 비느하스가 그 앞에 모시고 섰더라 이스라엘 자손들이 여쭈기를 우리가 다시 나아가 내 형제 베냐민 자손과 싸우리이까 말리이까 하니 여호와께서 이르시되 올라가라 내일은 내가 그를 네 손에 넘겨 주리라 하시는지라

묵상

영적으로 어두웠던 사사기 시대, 베냐민의 기브아 땅에서 벌어진 살인 사건으로 인해 온 이스라엘의 열한 지파가 모였습니다. 그들은 끔찍한 사건에 대한 심판의 성격으로 베냐민 지파와 내전을 벌입니다.

그러나 첫 번째 전투에서 이스라엘 자손 22,000명이 죽고 패배합니다. 그들이 첫 패배로 인한 아픔에 울며 하나님께 묻고 다시 나아가지만, 또다시 18,000명이 죽고 패배를 당합니다.

이때 온 이스라엘 자손들은 벧엘에 올라가 울며 날이 저물도록 금식하고 번제와 화목제를 드립니다. 이스라엘 자손은 철저히 하나님께 묻고 물으며 하나님의 인도함을 구합니다.

이때의 금식은 하나님 앞에 철저한 겸손의 표시이자 하나님의 도우심 없이는 전적으로 무능한 존재라는 표현이기도 합니다. 또한 전쟁이 하나님께 속하였고 자신들에게는 아무런 힘이 없음에 대한 외적인 고백이었습니다. 결국

하나님은 승리를 약속하십니다. 마침내 세 번째 전투에서 이스라엘은 베냐민 지파의 25,100명을 치고 승리를 거둡니다. 비록 그들이 승리하였고 불의에 대한 심판이 이루어졌지만, 그것은 동족끼리의 전쟁이었습니다.

이 시대에 필요한 것은 작은 전투를 위한 승리 정도가 아니라 영적 어둠을 끝내고 어두움을 밝힐 광명의 빛이 속히 임하는 것입니다. 그것이 우리가 간절히 기도하고 금식해야 할 이유입니다.

온 이스라엘 백성들이 날이 저물도록 금식한 이유는 무엇입니까? (삿 20:26)
금식하고 예배한 결과는 무엇이었습니까? (삿 20:28)

오늘, 온종일 혹은 부분적으로 금식하고 기도하며 하나님께 인도함을 구해 보십시오. 온 이스라엘 백성들처럼 전쟁이 하나님께 속해 있음을 철저히 인정하고 주만 의지하십시오. 탐욕과 음욕이 충만했던 사사기와 같은 영적 어두움을 끝내고 복음의 빛이 우리의 삶과 가정과 사회에 환히 비치도록 간구합시다.

오늘의 기도

주님, 우리의 영적인 반역과 무능함을 고백하며 금식과 기도로 주님의 도우심을 구합니다. 어둠을 밝히는 주님의 빛이 우리의 삶과 이 땅에 임하게 하옵소서.

나의 기도

금식 명언

그리스도인이 자신의 사역에서 실패했음을 깨닫는 순간, 하나님에 대한 기쁨이 사라지고, 기도의 능력을 상실했음을 느끼는 때는 금식과 기도로 육체에 맞서 싸워 더 나은 섬김을 준비해야 할 시점입니다. – 디트리히 본회퍼

본문 이사야 58:3-9

3 우리가 금식하되 어찌하여 주께서 보지 아니하시오며 우리가 마음을 괴롭게 하되 어찌하여 주께서 알아 주지 아니하시나이까 보라 너희가 금식하는 날에 오락을 구하며 온갖 일을 시키는도다

4 보라 너희가 금식하면서 논쟁하며 다투며 악한 주먹으로 치는도다 너희가 오늘 금식하는 것은 너희의 목소리를 상달하게 하려는 것이 아니니라

5 이것이 어찌 내가 기뻐하는 금식이 되겠으며 이것이 어찌 사람이 자기의 마음을 괴롭게 하는 날이 되겠느냐 그의 머리를 갈대 같이 숙이고 굵은 베와 재를 펴는 것을 어찌 금식이라 하겠으며 여호와께 열납될 날이라 하겠느냐

6 내가 기뻐하는 금식은 흉악의 결박을 풀어 주며 멍에의 줄을 끌러 주며 압제 당하는 자를 자유하게 하며 모든 멍에를 꺾는 것이 아니겠느냐

7 또 주린 자에게 네 양식을 나누어 주며 유리하는 빈민을 집에 들이며 헐벗은 자를 보면 입히며 또 네 골육을 피하여 스스로 숨지 아니하는 것이 아니겠느냐

8 그리하면 네 빛이 새벽 같이 비칠 것이며 네 치유가 급속할 것이며 네 공의가 네 앞에 행하고 여호와의 영광이 네 뒤에 호위하리니

9 네가 부를 때에는 나 여호와가 응답하겠고 네가 부르짖을 때에는 내가 여기 있다 하리라

묵상

금식은 단식 투쟁이 아닙니다. 그러나 이스라엘 백성들은 금식을 마치 단식 투쟁 하듯이 하나님께 항의하며 금식했습니다. 그러면서 하나님께 자신들의 주장을 관철시키려 했습니다. 그러나 그것은 참된 금식이 아닙니다.

하나님께서 기뻐하시는 금식이 있습니다.

1. 흉악의 결박을 풀어주고
2. 멍에의 줄을 끌러주며
3. 압제당하는 자를 자유케 하며 모든 멍에를 꺾고
4. 주린 자에게 양식을 나누어주고
5. 빈민과 헐벗은 자를 입히고 골육을 돕는 것입니다.

금식을 핑계로 이웃 사랑을 회피한다면 그것은 참된 금식이 될 수 없습니다. 매튜 헨리는 "금식의 엄숙함이 빈번하고 길고 엄격할지라도, 그것이 경건한 정서에 활기를 불어넣고, 기도를 활성화하며, 하나님에 대한 슬픔을 증가시키고, 마음의 성향과 삶의 방식을 더 나은 방향으로 변화시키지 못한다면, 본래 목적에 전혀 부합하지 않으며 하나님께서도 그것을 받아들이지 않으실 것"이라고 했습니다. 진정 금식을 통해 낮아진 자, 하나님의 얼굴을 구하는 자는 불의에 신음하며 억압받고 소외받는 이들을 사랑으로 섬깁니다. 이것이 하나님이 기뻐하시는 삶으로 하는 금식입니다. 하나님은 그런 자들에게 치유를 주실 것을 약속하셨습니다(사 58:8).

금식기도의 마지막 날, 오늘, 온종일 혹은 부분적으로 금식하고 기도해보십시오. 그러나 오늘은 우리의 소외된 이웃들을 돌보고 도와주십시오. 내가 섬길 수 있는 것을 찾아 순종해보십시오. 하나님이 기뻐하시는 참된 금식입니다.

오늘의 기도

주님, 우리의 금식이 이웃을 향한 사랑과 섬김으로 이어지게 하소서. 주님이 기뻐하시는 참된 금식을 통해 억압받는 자를 자유케 하고, 고통받는 이들을 위로하며 살아가게 하옵소서.

나의 기도

금식 명언

금식하십니까? 그렇다면 배고픈 자를 먹이고, 목마른 자에게 물을 주며, 병자를 방문하고, 갇힌 자를 잊지 마십시오. 고통받는 자를 불쌍히 여기며, 슬퍼하고 우는 자를 위로하십시오. 자비롭고 겸손하며, 친절하고 침착하며, 인내심을 가지십시오. 동정심을 갖고, 용서하며, 경건하고, 진실하며, 경건한 삶을 사십시오. 그러면 하나님께서 당신의 금식을 받아들이시고 회개의 풍성한 열매를 베풀어주실 것입니다. – 존 크리소스톰

나라와 민족을 위한 기도

열방을 위한 기도

부록 1

다니엘 21일 금식 기도 추가 가이드

A 세트 개인을 위한 21일 금식 기도 가이드

B 세트 부부와 자녀, 가정의 회복을 위한 21일 금식 중보기도 가이드

C 세트 청년을 위한 21일 금식 기도 가이드

부록 2

성공적인 금식과 기도를 위한 7가지 기본 단계

다니엘 21일 금식 기도 추가 가이드

다니엘 21일 금식기도를 위한 기초 가이드 외에 여러분의 상황과 형편에 맞는 추가적인 가이드를 소개합니다. 기초 가이드를 마치신 분들은 연중에도 수시로 21일 금식기도를 하시면서 다음의 가이드를 활용하여 지속적으로 금식과 기도로 주님께 나아갈 수 있습니다.

세트 A 개인을 위한 21일 금식 기도 가이드

1일차 하나님의 임재를 갈망함

본문

시편 42:1

하나님이여 사슴이 시냇물을 찾기에 갈급함 같이 내 영혼이 주를 찾기에 갈급하니이다(시 42:1)

As the deer pants for streams of water, so my soul pants for you, my God. (Ps 42:1 NIV)

기도문

주님, 제 영혼이 주님을 갈망합니다. 날마다 주님의 임재를 경험하게 하시고, 주님의 사랑과 은혜로 저를 채워주옵소서. 저를 주님께 더욱 가까이 나아가게 하셔서 제 삶이 주님으로 충만하게 하소서.

영혼의 정결과 회개

시편 51:10

하나님이여 내 속에 정한 마음을 창조하시고 내 안에 정직한 영을 새롭게 하소서(시 51:10)

Create in me a pure heart, O God, and renew a steadfast spirit within me. (Ps 51:10 NIV)

기도문 거룩하신 하나님, 제 안에 있는 모든 죄와 허물을 깨닫고 회개합니다. 정결한 마음을 창조하시고, 정직한 영으로 새롭게 하여주옵소서. 주님 앞에서 언제나 깨끗한 영혼으로 살아가게 하소서.

3일차 하나님의 말씀을 통한 갱신

본문 히브리서 4:12

하나님의 말씀은 살아 있고 활력이 있어 좌우에 날선 어떤 검보다도 예리하여 혼과 영과 및 관절과 골수를 찔러 쪼개기까지 하며 또 마음의 생각과 뜻을 판단하나니(히 4:12)

For the word of God is alive and active. Sharper than any double-edged sword, it penetrates even to dividing soul and spirit, joints and marrow; it judges the thoughts and attitudes of the heart. (Heb 4:12 NIV)

기도문 살아계신 하나님, 주님의 말씀으로 제 마음을 새롭게 하시고, 하나님의 뜻과 나의 뜻을 분별할 수 있는 민감함을 주시며, 제 영혼에 생명을 불어넣어주옵소서. 주님의 말씀을 통해 매일 새로운 힘과 지혜를 얻게 하소서.

영적 갈증을 해소함

본문   요한복음 4:14

내가 주는 물을 마시는 자는 영원히 목마르지 아니하리니 내가 주는 물은 그 속에서 영생하도록 솟아나는 샘물이 되리라(요 4:14)
but whoever drinks the water I give them will never thirst. Indeed, the water I give them will become in them a spring of water welling up to eternal life." (Jn 4:14 NIV)

기도문   주님, 제 영혼의 갈증을 주님의 생수로 채워주옵소서. 주님께서 주시는 생명을 통해 영혼의 해갈을 주시고, 영원히 만족함을 누리게 하소서.

5일차 하나님께 온전히 의지함

본문   잠언 3:5-6

5 너는 마음을 다하여 여호와를 신뢰하고 네 명철을 의지하지 말라
6 너는 범사에 그를 인정하라 그리하면 네 길을 지도하시리라(잠 3:5-6)
5 Trust in the LORD with all your heart and lean not on your own understanding;
6 in all your ways submit to him, and he will make your paths straight. (Pr 3:5-6 NIV)

기도문   주님, 제 삶의 모든 순간에 나의 명철이 아니라 주님과 주님의 지혜를 신뢰하게 하소서. 제 길을 주님께 맡기며, 주님의 인도하심을 온전히 의지하게 하옵소서.

예배를 통한 하나님과의 교제

본문   요한복음 4:23-24

23 아버지께 참되게 예배하는 자들은 영과 진리로 예배할 때가 오나니 곧
이 때라 아버지께서는 자기에게 이렇게 예배하는 자들을 찾으시느니라
24 하나님은 영이시니 예배하는 자가 영과 진리로 예배할지니라(요 4:23-24)
23 Yet a time is coming and has now come when the true
worshipers will worship the Father in the Spirit and in truth, for
they are the kind of worshipers the Father seeks.
24 God is spirit, and his worshipers must worship in the Spirit and
in truth." (Jn 4:23-24 NIV)

기도문   주님, 제 예배가 영과 진리로 드려지게 하시고, 예배를 통해 주님과 깊이 교
제하게 하옵소서. 주님의 임재 안에서 참된 기쁨과 평안을 누리게 하소서.

7일차   하나님의 사랑을 깊이 체험함

본문   로마서 8:38-39

38 내가 확신하노니 사망이나 생명이나 천사들이나 권세자들이나 현재
일이나 장래 일이나 능력이나
39 높음이나 깊음이나 다른 어떤 피조물이라도 우리를 우리 주 그리스도
예수 안에 있는 하나님의 사랑에서 끊을 수 없으리라(롬 8:38-39)
38 For I am convinced that neither death nor life, neither angels
nor demons, neither the present nor the future, nor any powers,
39 neither height nor depth, nor anything else in all creation, will
be able to separate us from the love of God that is in Christ Jesus
our Lord. (Ro 8:38-39 NIV)

기도문   주님, 그 누구도 끊을 수 없는 주님의 사랑을 제 삶 속에서 깊이 체험하게
하옵소서. 그 사랑 안에서 매일 감사와 기쁨으로 충만하게 하소서.

본문 이사야 40:31

오직 여호와를 앙망하는 자는 새 힘을 얻으리니 독수리가 날개치며 올라
갈 같을 것이요 달음박질하여도 곤비하지 아니하겠고 걸어가도 피곤하지
아니하리로다(사 40:31)

but those who hope in the LORD will renew their strength. They
will soar on wings like eagles; they will run and not grow weary,
they will walk and not be faint. (Isa 40:31 NIV)

기도문 주님, 피곤하고 지친 저에게 새 힘을 주옵소서. 날마다 주님을 앙망하며,
영적 활력을 회복하게 하옵소서.

본문 히브리서 11:1

믿음은 바라는 것들의 실상이요 보이지 않는 것들의 증거니(히 11:1)
Now faith is confidence in what we hope for and assurance about
what we do not see. (Heb 11:1 NIV)

기도문 주님, 제 믿음을 더욱 견고히 세워주옵소서. 보이지 않는 주님의 약속을
신뢰하며, 믿음으로 굳건히 살아가게 하소서.

10일차 하나님의 평강을 경험함

본문 빌립보서 4:6-7

6 아무것도 염려하지 말고 다만 모든 일에 기도와 간구로, 너희 구할 것을 감사함으로 하나님께 아뢰라

7 그리하면 모든 지각에 뛰어난 하나님의 평강이 그리스도 예수 안에서 너희 마음과 생각을 지키시리라 (빌 4:6-7)

6 Do not be anxious about anything, but in every situation, by prayer and petition, with thanksgiving, present your requests to God.

7 And the peace of God, which transcends all understanding, will guard your hearts and your minds in Christ Jesus. (Php 4:6-7 NIV)

기도문 주님, 제 마음에 주님의 평강이 가득하게 하옵소서. 모든 염려와 두려움을 주님께 맡기고, 주님의 평안 속에서 안식하게 하소서.

11일차 감사로 하나님께 나아감

본문 데살로니가전서 5:18

범사에 감사하라 이것이 그리스도 예수 안에서 너희를 향하신 하나님의 뜻이니라 (살전 5:18)

give thanks in all circumstances; for this is God's will for you in Christ Jesus. (1Th 5:18 NIV)

기도문 주님, 모든 상황 속에서 감사의 마음을 품게 하소서. 크고 작은 모든 일에 감사하며, 주님의 은혜를 기억하게 하옵소서.

본문   에베소서 6:10-11

10 끝으로 너희가 주 안에서와 그 힘의 능력으로 강건하여지고

11 마귀의 간계를 능히 대적하기 위하여 하나님의 전신 갑주를 입으라 (엡 6:10-11)

10 Finally, be strong in the Lord and in his mighty power.

11 Put on the full armor of God, so that you can take your stand against the devil's schemes. (Eph 6:10-11 NIV)

기도문   주님, 영적 전쟁에서 승리할 수 있도록 하나님의 전신갑주로 무장하게 하옵소서. 주님의 능력으로 마귀의 모든 간계를 물리치게 하소서.

13일차 성령의 충만함을 간구

본문   에베소서 5:18

술 취하지 말라 이는 방탕한 것이니 오직 성령으로 충만함을 받으라 (엡 5:18)

Do not get drunk on wine, which leads to debauchery. Instead, be filled with the Spirit. (Eph 5:18 NIV)

기도문   주님, 술 취하는 인생이 아니라 오직 성령으로 제 삶을 가득 채워주옵소서. 매 순간 성령의 인도하심을 따라 살며, 주님의 뜻을 이루는 삶을 살게 하소서.

14일차 영적 열매를 맺음

본문 갈라디아서 5:22-23

22 오직 성령의 열매는 사랑과 희락과 화평과 오래 참음과 자비와 양선과 충성과

23 온유와 절제니 이같은 것을 금지할 법이 없느니라(갈 5:22-23)

22 But the fruit of the Spirit is love, joy, peace, forbearance, kindness, goodness, faithfulness,

23 gentleness and self-control. Against such things there is no law. (Gal 5:22-23 NIV)

기도문 주님, 제 삶에서 성령의 열매가 맺히게 하옵소서. 사랑, 기쁨, 화평, 인내 등 제 삶을 통해 언제 어디서나 주님의 성품이 드러나는 삶을 살게 하소서.

15일차 인내와 소망을 새롭게

본문 로마서 5:3-5

3 다만 이뿐 아니라 우리가 환난 중에도 즐거워하나니 이는 환난은 인내를,

4 인내는 연단을, 연단은 소망을 이루는 줄 앎이로다

5 소망이 우리를 부끄럽게 하지 아니함은 우리에게 주신 성령으로 말미암아 하나님의 사랑이 우리 마음에 부은 바 됨이니(롬 5:3-5)

3 Not only so, but we also glory in our sufferings, because we know that suffering produces perseverance;

4 perseverance, character; and character, hope.

5 And hope does not put us to shame, because God's love has been poured out into our hearts through the Holy Spirit, who has been given to us. (Ro 5:3-5 NIV)

기도문 주님, 환난 속에서도 인내하게 하시고, 그 인내를 통해 소망을 품게 하여주옵소서. 세상 풍파가 와도 주님 안에서 흔들리지 않는 믿음을 갖게 하소서.

16일차　하나님의 은혜를 누림

본문　고린도후서 12:9

나에게 이르시기를 내 은혜가 네게 족하도다 이는 내 능력이 약한 데서 온전하여짐이라 하신지라 그러므로 도리어 크게 기뻐함으로 나의 여러 약한 것들에 대하여 자랑하리니 이는 그리스도의 능력이 내게 머물게 하려 함이라(고후 12:9)

But he said to me, "My grace is sufficient for you, for my power is made perfect in weakness." Therefore I will boast all the more gladly about my weaknesses, so that Christ's power may rest on me. (2Co 12:9 NIV)

기도문　주님, 제 연약함 속에서도 주님의 은혜가 온전히 드러나게 하옵소서. 주님의 은혜를 누리며 매일 감사와 기쁨으로 살아가게 하소서.

17일차　하나님께 받은 사명을 되새김

본문　에베소서 2:10

우리는 그가 만드신 바라 그리스도 예수 안에서 선한 일을 위하여 지으심을 받은 자니 이 일은 하나님이 전에 예비하사 우리로 그 가운데서 행하게 하려 하심이니라(엡 2:10)

For we are God's handiwork, created in Christ Jesus to do good works, which God prepared in advance for us to do. (Eph 2:10 NIV)

기도문　주님, 제가 받은 사명을 기억하게 하시고, 주님이 계획하신 선한 일을 이루어 가게 하옵소서.

18일차 하나님의 빛 안에서 걸어감

본문 요한일서 1:7

그가 빛 가운데 계신 것 같이 우리도 빛 가운데 행하면 우리가 서로 사귐이 있고 (요일 1:7)

But if we walk in the light, as he is in the light, we have fellowship with one another. (1Jn 1:7 NIV)

기도문 제 삶이 주님의 빛 안에서 행하게 하옵소서. 어둠 속에서도 빛을 비추며, 주님과 동행하는 삶을 살게 하소서.

19일차 기쁨으로 충만한 삶을 누림

본문 요한복음 15:11

내가 이것을 너희에게 이름은 내 기쁨이 너희 안에 있어 너희 기쁨을 충만하게 하려 함이라 (요 15:11)

I have told you this so that my joy may be in you and that your joy may be complete. (Jn 15:11 NIV)

기도문 주님, 제 삶이 주님의 기쁨으로 충만하게 하옵소서. 그 기쁨이 제 안에 가득하여 모든 상황 속에서도 주님을 찬양하며 오직 감사하게 하소서.

하나님의 능력을 체험함

본문   사도행전 1:8

오직 성령이 너희에게 임하시면 너희가 권능을 받고 예루살렘과 온 유대와
사마리아와 땅 끝까지 이르러 내 증인이 되리라 하시니라(행 1:8)
But you will receive power when the Holy Spirit comes on you;
and you will be my witnesses in Jerusalem, and in all Judea and
Samaria, and to the ends of the earth." (Ac 1:8 NIV)

기도문   주님, 성령의 능력을 체험하게 하시고, 그 능력으로 주님의 증인이 되게 하
옵소서. 주님의 사명을 이루기 위한 담대한 증인으로서 복음을 증거하게
하소서.

21일차 하나님의 영광을 위해 살아감

본문   고린도전서 10:31

그런즉 너희가 먹든지 마시든지 무엇을 하든지 다 하나님의 영광을 위하
여 하라(고전 10:31)
So whether you eat or drink or whatever you do, do it all for the
glory of God. (1Co 10:31 NIV)

기도문   주님, 제 삶의 모든 순간이 주님의 영광을 위해 드러지게 하옵소서. 일상의
작은 일에서도 늘 주님을 바라보고, 주님을 의식하여 주님의 영광이 드러
나게 하시고, 매일의 삶을 예배로 드리게 하소서.

부부와 자녀, 가정의 회복을 위한 21일 금식 중보기도 가이드

[1-7일차 : 부부 관계 회복을 위한 기도]

1일차   부부 사이의 사랑과 헌신

본문   에베소서 5:25

남편들아 아내 사랑하기를 그리스도께서 교회를 사랑하시고 그 교회를 위하여 자신을 주심 같이 하라(엡 5:25)

Husbands, love your wives, just as Christ loved the church and gave himself up for her (Eph 5:25 NIV)

기도문   주님, 그리스도께서 교회를 사랑하시고 자신을 내어주신 것처럼 저희 부부도 서로를 깊이 사랑하고 헌신하여, 언제나 상대방을 자신의 몸처럼 소중히 여기며 사랑의 언약을 끝까지 지킬 수 있도록 도와주소서.

2일차   부부간의 존중과 이해

본문   베드로전서 3:7

남편들아 이와 같이 지식을 따라 너희 아내와 동거하고 그를 더 연약한 그릇이요 또 생명의 은혜를 함께 이어받을 자로 알아 귀히 여기라 이는 너희 기도가 막히지 아니하게 하려 함이라(벧전 3:7)

Husbands, in the same way be considerate as you live with your wives, and treat them with respect as the weaker partner and as heirs with you of the gracious gift of life, so that nothing will hinder your prayers. (1Pe 3:7 NIV)

기도문   하나님, 저희 부부가 서로를 지혜롭게 대하며 연약한 부분을 존중하고, 서로의 마음을 헤아리고 사랑으로 하나가 되어 더욱 강한 연합을 이루게 하소서.

용서와 화해를 위한 기도

본문 골로새서 3:13

누가 누구에게 불만이 있거든 서로 용납하여 피차 용서하되 주께서 너희를 용서하신 것 같이 너희도 그리하고(골 3:13)

Bear with each other and forgive one another if any of you has a grievance against someone. Forgive as the Lord forgave you. (Col 3:13 NIV)

기도문 주님, 저희 부부가 서로의 잘못과 부족함을 진심으로 용서하고, 과거의 아픔과 상처를 치유받아 화해의 기쁨과 평안을 누리며, 사랑으로 더욱 깊이 연합하게 하소서.

4일차 부부의 영적 연합

본문 전도서 4:12

한 사람이면 패하겠거니와 두 사람이면 맞설 수 있나니 세 겹 줄은 쉽게 끊어지지 아니하느니라(전 4:12)

Though one may be overpowered, two can defend themselves. A cord of three strands is not quickly broken. (Ecc 4:12 NIV)

기도문 하나님, 저희 부부가 서로를 사랑하는 마음으로, 기도로, 세겹줄처럼 영적으로 단단히 묶여 어떤 어려움 속에서도 흔들리지 않고, 오직 주님 안에서 하나 되어 믿음의 가정을 세우게 하소서.

5일차   부부의 친밀한 교제를 위해

본문   창세기 2:24

이러므로 남자가 부모를 떠나 그의 아내와 합하여 둘이 한 몸을 이룰지로다(창 2:24)

That is why a man leaves his father and mother and is united to his wife, and they become one flesh. (Ge 2:24 NIV)

기도문   주님, 저희 부부가 서로를 깊이 이해하며 진정한 친밀함 속에서 하나가 되어, 마음과 영혼, 육체까지 모두 하나됨을 지키게 하소서. 하나님이 설계하시고 기뻐하시는 거룩한 가정을 이루게 하소서.

6일차   갈등 해결과 평화를 위해

본문   마태복음 5:9

화평하게 하는 자는 복이 있나니 그들이 하나님의 아들이라 일컬음을 받을 것임이요(마 5:9)

Blessed are the peacemakers, for they will be called children of God. (Mt 5:9 NIV)

기도문   하나님, 저희 부부가 갈등과 어려움 속에서도 주님의 평화를 추구하며 서로를 이해하고 조화롭게 문제를 해결하여, 언제나 화목한 가정을 이루게 하소서.

7일차   부부가 함께 하나님을 섬기도록

본문   여호수아 24:15

너희가 섬길 자를 오늘 택하라 오직 나와 내 집은 여호와를 섬기겠노라
하니(수 24:15)

then choose for yourselves this day whom you will serve… But as
for me and my household, we will serve the LORD." (Jos 24:15 NIV)

기도문   주님, 저희 부부가 모든 순간 함께 주님을 섬기며, 가정 안에서 당신의 나라
를 세우고, 하나님의 영광을 드러내는 믿음의 가정이 되게 하소서.

[8–14일차 : 부모와 자녀 관계 회복을 위한 기도]

8일차   부모의 사랑과 인내

본문   고린도전서 13:4-7

4 사랑은 오래 참고 사랑은 온유하며 시기하지 아니하며 사랑은 자랑하
지 아니하며 교만하지 아니하며
5 무례히 행하지 아니하며 자기의 유익을 구하지 아니하며 성내지 아니하
며 악한 것을 생각하지 아니하며
6 불의를 기뻐하지 아니하며 진리와 함께 기뻐하고
7 모든 것을 참으며 모든 것을 믿으며 모든 것을 바라며 모든 것을 견디느
니라(고전 13:4-7)

4 Love is patient, love is kind. It does not envy, it does not boast,
it is not proud.
5 It does not dishonor others, it is not self-seeking, it is not easily
angered, it keeps no record of wrongs.
6 Love does not delight in evil but rejoices with the truth.
7 It always protects, always trusts, always hopes, always
perseveres. (1Co 13:4-7 NIV)

주님, 저희가 자녀를 사랑으로 양육하며 인내와 온유로 대하되, 모든 상황 속에서도 끝까지 믿고 소망하며 사랑으로 자녀를 품어 주님의 뜻을 이루게 하소서.

9일차 자녀 양육에 대한 지혜

본문 잠언 22:6

마땅히 행할 길을 아이에게 가르치라 그리하면 늙어도 그것을 떠나지 아니하리라(잠 22:6)

Start children off on the way they should go, and even when they are old they will not turn from it. (Pr 22:6 NIV)

기도문 하나님, 저희 부모에게 자녀를 주님의 뜻대로 양육할 수 있는 지혜와 분별력을 주시고, 자녀들이 주의 길로 나아가도록 이끌어주옵소서.

10일차 자녀의 순종과 존경심

본문 에베소서 6:1-2

1 자녀들아 주 안에서 너희 부모에게 순종하라 이것이 옳으니라
2 네 아버지와 어머니를 공경하라 이것은 약속이 있는 첫 계명이니(엡 6:1-2)
1 Children, obey your parents in the Lord, for this is right.
2 "Honor your father and mother"-which is the first commandment with a promise- (Eph 6:1-2 NIV)

기도문 주님, 자녀들이 부모를 존경하고 순종하는 마음을 가지게 하시며, 부모와 자녀 간의 관계가 주님의 사랑 안에서 더욱 깊어지게 하소서.

11일차 부모의 양육에 대한 균형

본문 골로새서 3:21

아비들아 너희 자녀를 노엽게 하지 말지니 낙심할까 함이라(골 3:21)

Fathers, do not embitter your children, or they will become discouraged. (Col 3:21 NIV)

기도문 하나님, 저희가 자녀를 양육할 때 진리를 말하되 사랑 안에서 말하게 하시며, 균형 잡힌 방법으로 사랑과 훈계를 베풀어, 자녀가 낙심하지 않고 주 안에서 바르게 성장하게 하소서.

12일차 부모와 자녀 간의 화목

본문 말라기 4:6

그가 아버지의 마음을 자녀에게로 돌이키게 하고 자녀들의 마음을 그들의 아버지에게로 돌이키게 하리라 돌이키지 아니하면 두렵건대 내가 와서 저주로 그 땅을 칠까 하노라 하시니라(말 4:6)

He will turn the hearts of the parents to their children, and the hearts of the children to their parents; or else I will come and strike the land with total destruction." (Mal 4:6 NIV)

기도문 주님, 부모와 자녀의 마음이 서로를 향해 열리고 화목하여 주님의 평강이 가정을 가득 채우게 하소서.

본문 신명기 6:6-7

6 오늘 내가 네게 명하는 이 말씀을 너는 마음에 새기고

7 네 자녀에게 부지런히 가르치며 집에 앉았을 때에든지 길을 갈 때에든지 누워 있을 때에든지 일어날 때에든지 이 말씀을 강론할 것이며(신 6:6-7)

6 These commandments that I give you today are to be on your hearts.

7 Impress them on your children. Talk about them when you sit at home and when you walk along the road, when you lie down and when you get up. (Dt 6:6-7 NIV)

기도문 하나님, 저희 가정이 주님의 말씀을 중심에 두고, 자녀에게 신앙의 유산을 온전히 전수하여 세대마다 주님을 섬기게 하소서.

14일차 자녀의 보호와 축복

본문 시편 127:3

보라 자식들은 여호와의 기업이요 태의 열매는 그의 상급이로다(시 127:3)

Children are a heritage from the LORD, offspring a reward from him. (Ps 127:3 NIV)

기도문 주님, 자녀가 주의 기업이자 선물임을 기억하며 그들을 보호하시고 축복하사 하나님나라의 귀한 일꾼으로 자라게 하소서.

15일차 음란으로부터의 자유

본문

고린도전서 6:18

음행을 피하라 사람이 범하는 죄마다 몸 밖에 있거니와 음행하는 자는 자기 몸에 죄를 범하느니라(고전 6:18)

Flee from sexual immorality. All other sins a person commits are outside the body, but whoever sins sexually, sins against their own body. (1Co 6:18 NIV)

기도문

주님, 다음 세대가 음란과 부정한 것에서 벗어나 자신을 거룩하게 지키며, 하나님이 거하시는 성령의 성전으로서의 정체성을 깨닫고 하나님의 뜻을 따라 살게 하소서.

16일차 게임과 스마트폰 중독에서의 해방

본문

고린도전서 10:23

모든 것이 가하나 모든 것이 유익한 것은 아니요 모든 것이 가하나 모든 것이 덕을 세우는 것은 아니니(고전 10:23)

"I have the right to do anything," you say-but not everything is beneficial. "I have the right to do anything"-but not everything is constructive. (1Co 10:23 NIV)

기도문

주님, 우리의 자녀들이 유익하지 않은 게임과 도박, 스마트폰 중독에 빠지거나 매이지 않게 하시고, 모든 묶임에서 참된 자유를 누리며 하나님께서 주신 시간과 자원을 지혜롭게 사용하게 하소서.

17일차 학교 폭력과 왕따 문제 해결

본문 마태복음 7:12

그러므로 무엇이든지 남에게 대접을 받고자 하는 대로 너희도 남을 대접
하라 이것이 율법이요 선지자니라(마 7:12)
So in everything, do to others what you would have them do to
you, for this sums up the Law and the Prophets. (Mt 7:12 NIV)

기도문 주님, 학교에서의 폭력과 왕따로 고통받는 아이들을 친히 간섭하여주셔서
보호하시고, 모든 학생들이 서로를 존중하며 사랑으로 대하게 하소서.

18일차 비전 상실로부터의 회복

본문 예레미야 29:11

여호와의 말씀이니라 너희를 향한 나의 생각을 내가 아나니 평안이요 재
앙이 아니니라 너희에게 미래와 희망을 주는 것이니라(렘 29:11)
For I know the plans I have for you," declares the LORD, "plans to
prosper you and not to harm you, plans to give you hope and a
future. (Jer 29:11 NIV)

기도문 주님, 다음 세대가 미래에 대한 두려움과 염려에서 해방되고, 주님의 계획
안에서 소망을 발견하며, 하나님이 그들에게 주신 재능과 잠재력을 깨달
아 주님의 뜻을 따라 담대히 주님과 동행하며 살아가게 하소서.

19일차 우울과 불안에서의 치유

본문 시편 34:18

여호와는 마음이 상한 자를 가까이 하시고 충심으로 통회하는 자를 구원
하시는도다(시 34:18)

The LORD is close to the brokenhearted and saves those who are crushed in spirit. (Ps 34:18 NIV)

기도문 주님, 마음이 상하고 불안으로 고통받는 자들을 위로하시고, 당신의 사랑과 평강으로 그들의 마음을 치유하여 새 힘을 얻게 하소서.

20일차   자살 충동에서의 해방과 생명의 소망

본문 요한복음 10:10

도둑이 오는 것은 도둑질하고 죽이고 멸망시키려는 것뿐이요 내가 온 것은 양으로 생명을 얻게 하고 더 풍성히 얻게 하려는 것이라(요 10:10)
The thief comes only to steal and kill and destroy; I have come that they may have life, and have it to the full. (Jn 10:10 NIV)

기도문 하나님, 생명의 주인이신 주님께서 자살의 어둠에서 고통받는 이들에게 다가가서서 생명과 소망을 주시고, 그들이 주님 안에서 새로운 삶을 누리게 하소서.

21일차   다음 세대의 부흥과 사명 회복

본문 요엘 2:28

그 후에 내가 내 영을 만민에게 부어 주리니 너희 자녀들이 장래 일을 말할 것이며 너희 늙은이는 꿈을 꾸며 너희 젊은이는 이상을 볼 것이며(욜 2:28).
"And afterward, I will pour out my Spirit on all people. Your sons and daughters will prophesy, your old men will dream dreams, your young men will see visions. (Joe 2:28 NIV)

기도문 주님, 당신의 영을 다음 세대에게 충만히 부어주서서 그들이 꿈을 꾸고, 하나님의 비전을 품으며, 주님의 나라와 영광을 위해 온전히 헌신하게 하소서.

청년을 위한 21일 금식 중보기도 가이드

C 세트

[1–7일차 : 정체성과 부르심을 발견하기 위한 기도]

1일차   하나님의 형상대로 창조된 정체성을 발견하도록

본문   창세기 1:27

하나님이 자기 형상 곧 하나님의 형상대로 사람을 창조하시되 남자와 여자를 창조하시고(창 1:27)

So God created mankind in his own image, in the image of God he created them; male and female he created them. (Ge 1:27 NIV)

기도문   주님, 제가 하나님의 형상대로 창조된 존재, 하나님의 작품으로 지어진 복된 존재임을 깨닫고, 주님 안에서 참된 정체성과 가치를 발견하게 하소서.

2일차   하나님의 계획과 목적을 알게 하소서

본문   예레미야 29:11

여호와의 말씀이니라 너희를 향한 나의 생각을 내가 아나니 평안이요 재앙이 아니니라 너희에게 미래와 희망을 주는 것이니라(렘 29:11)

For I know the plans I have for you," declares the LORD, "plans to prosper you and not to harm you, plans to give you hope and a future. (Jer 29:11 NIV)

기도문   하나님, 제가 주님의 선한 계획과 소망을 알게 하시고, 참된 평강과 미래를 예비하셨음을 믿고, 제 삶이 주님의 뜻에 따라 이루어지는 삶이 되게 하소서.

3일차   하나님께서 주신 고유한 은사를 발견하도록

본문   로마서 12:6

우리에게 주신 은혜대로 받은 은사가 각각 다르니 혹 예언이면 믿음의 분수대로, (롬 12:6)

We have different gifts, according to the grace given to each of us. If your gift is prophesying, then prophesy in accordance with your faith; (Ro 12:6 NIV)

기도문   수님, 제게 주신 은사와 재능을 발견하게 하시고, 그것을 개발하고 발전시키되 오직 주님의 영광을 위해 사용하게 하소서.

4일차   주님의 부르심에 반응하도록

본문   에베소서 4:1

그러므로 주 안에서 간힌 내가 너희를 권하노니 너희가 부르심을 받은 일에 합당하게 행하여(엡 4:1)

As a prisoner for the Lord, then, I urge you to live a life worthy of the calling you have received. (Eph 4:1 NIV)

기도문   하나님, 제가 하나님의 백성이요, 예수 그리스도의 제자요, 증인으로서의 부르심에 합당하게 살며, 주님께서 주신 사명을 충실히 감당하게 하소서.

하나님께서 주신 소명을 따라 살도록

본문 디모데후서 1:9

하나님이 우리를 구원하사 거룩하신 소명으로 부르심은 우리의 행위대로
하심이 아니요 오직 자기의 뜻과 영원 전부터 그리스도 예수 안에서 우리
에게 주신 은혜대로 하심이라(딤후 1:9)

He has saved us and called us to a holy life—not because
of anything we have done but because of his own purpose
and grace. This grace was given us in Christ Jesus before the
beginning of time, (2Ti 1:9 NIV)

기도문 주님, 제가 주님께서 은혜로 주신 거룩한 소명에 따라 제 인생을 헌신하
며, 주님의 뜻을 이루게 하소서.

6일차 하나님의 작품으로서의 삶을 깨닫도록

본문 에베소서 2:10

우리는 그가 만드신 바라 그리스도 예수 안에서 선한 일을 위하여 지으심
을 받은 자니 이 일은 하나님이 전에 예비하사 우리로 그 가운데서 행하게
하려 하심이니라(엡 2:10)

For we are God's handiwork, created in Christ Jesus to do good
works, which God prepared in advance for us to do. (Eph 2:10 NIV)

기도문 하나님, 제가 주님의 걸작품임을 기억하며, 선한 일을 위해 창조된 자로서
주님의 길을 따르게 하소서.

7일차   주님 안에서의 참된 자아 발견

본문   고린도후서 5:17

그런즉 누구든지 그리스도 안에 있으면 새로운 피조물이라 이전 것은 지나갔으니 보라 새 것이 되었도다(고후 5:17)

Therefore, if anyone is in Christ, the new creation has come: The old has gone, the new is here! (2Co 5:17 NIV)

기도문   주님, 제가 그리스도 안에서 새로운 피조물임을 깨닫고, 옛 사람, 옛 것은 지나갔으니 주님의 뜻 안에서 새로운 정체성과 새로운 비전을 붙들고, 말씀과 기도로 새로운 영적 습관을 세우며, 주 안에서 새로운 삶을 살게 하소서.

[8–14일차 : 직업과 사명을 위해 기도]

8일차   직업과 일터에서 성실하게 일하도록

본문   골로새서 3:23-24

23 무슨 일을 하든지 마음을 다하여 주께 하듯 하고 사람에게 하듯 하지 말라
24 이는 기업의 상을 주께 받을 줄 아나니 너희는 주 그리스도를 섬기느니라(골 3:23-24)

23 Whatever you do, work at it with all your heart, as working for the Lord, not for human masters,
24 since you know that you will receive an inheritance from the Lord as a reward. It is the Lord Christ you are serving. (Col 3:23-24 NIV)

기도문   하나님, 제게 맡겨진 일이 무엇이든 주께서 맡겨주셨다는 믿음으로 성실히 임하게 하소서. 주님을 섬기듯 직장에서 일하고 동료들을 대하게 하소서.

9일차 직장에서의 관계와 영향력을 위해

본문　마태복음 5:16

이같이 너희 빛이 사람 앞에 비치게 하여 그들로 너희 착한 행실을 보고 하늘에 계신 너희 아버지께 영광을 돌리게 하라(마 5:16)

In the same way, let your light shine before others, that they may see your good deeds and glorify your Father in heaven. (Mt 5:16 NIV)

기도문　주님, 제가 직장에서 빛과 소금이 되어 말과 태도와 행동으로 주님의 선한 일을 드러내고, 사람들에게 복되고 좋은 영향을 끼치게 하셔서, 주를 알지 못하는 이들이 주께 돌아오게 하소서.

10일차 주님께서 맡기신 직업과 직장을 찾도록

본문　잠언 16:3

너의 행사를 여호와께 맡기라 그리하면 네가 경영하는 것이 이루어지리라 (잠 16:3)

Commit to the LORD whatever you do, and he will establish your plans. (Pr 16:3 NIV)

기도문　하나님, 제 모든 계획을 주님께 맡기오니, 주님께서 인도하시는 직장과 직업의 길을 발견하게 하소서.

직장에서의 어려움과 갈등을 이겨내도록

본문 이사야 41:10

두려워하지 말라 내가 너와 함께 함이라 놀라지 말라 나는 네 하나님이 됨이라 내가 너를 굳세게 하리라 참으로 너를 도와 주리라 참으로 나의 의로운 오른손으로 너를 붙들리라(사 41:10)

So do not fear, for I am with you; do not be dismayed, for I am your God. I will strengthen you and help you; I will uphold you with my righteous right hand. (Isa 41:10 NIV)

기도문 주님, 제가 직장에서 겪는 모든 어려움과 갈등 속에서도 두려워하지 않고, 주님께서 붙잡아주시는 은혜와 능력으로 능히 승리하게 하소서.

12일차 **일터에서 하나님의 인도하심을 구함**

본문 시편 32:7–8

7 주는 나의 은신처이오니 환난에서 나를 보호하시고 구원의 노래로 나를 두르시리이다 (셀라)

8 내가 네 갈 길을 가르쳐 보이고 너를 주목하여 훈계하리로다(시 32:7-8).

7 You are my hiding place; you will protect me from trouble and surround me with songs of deliverance.

8 I will instruct you and teach you in the way you should go; I will counsel you with my loving eye on you. (Ps 32:7-8, NIV)

기도문 주님, 주는 나의 은신처이오니 환난에서 지켜주시고, 제가 가야 할 길을 주님께서 가르쳐주시며, 주님의 눈으로 저를 지키며 인도하여 주소서.

13일차 직장에서 성실함과 지혜를 위해

본문 잠언 22:29

네가 자기의 일에 능숙한 사람을 보았느냐 이러한 사람은 왕 앞에 설 것이요 천한 자 앞에 서지 아니하리라 (잠 22:29)

Do you see someone skilled in their work? They will serve before kings; they will not serve before officials of low rank. (Pr 22:29 NIV)

기도문 주님, 제가 맡은 일에 성실하고 지혜롭게 일하게 하시며, 재능과 모략을 더하여주셔서 주님의 이름에 영광을 돌리게 하소서.

14일차 일터에서의 하나님나라 확장을 위해

본문 마태복음 6:33

그런즉 너희는 먼저 그의 나라와 그의 의를 구하라 그리하면 이 모든 것을 너희에게 더하시리라 (마 6:33)

But seek first his kingdom and his righteousness, and all these things will be given to you as well. (Mt 6:33 NIV)

기도문 주님, 자신을 부인함으로써 일터에서 먼저 하나님의 나라와 의를 구하며, 주님의 통치를 드러내는 자가 되게 하소서.

15일차   결혼과 배우자를 위한 기도

본문   창세기 2:24

이러므로 남자가 부모를 떠나 그의 아내와 합하여 둘이 한 몸을 이룰지로 다(창 2:24)

That is why a man leaves his father and mother and is united to his wife, and they become one flesh. (Ge 2:24 NIV)

기도문   주님, 제게 합당한 믿음의 배우자를 허락하셔서 하나님께서 짝지어주신 배우자를 만나 주님 안에서 아름다운 가정을 이루게 하소서.

16일차   결혼을 통해 하나님나라를 세우도록

본문   여호수아 24:15

만일 여호와를 섬기는 것이 너희에게 좋지 않게 보이거든 너희 조상들이 강 저쪽에서 섬기던 신들이든지 또는 너희가 거주하는 땅에 있는 아모리 족속의 신들이든지 너희가 섬길 자를 오늘 택하라 오직 나와 내 집은 여호 와를 섬기겠노라 하니(수 24:15)

But if serving the LORD seems undesirable to you, then choose for yourselves this day whom you will serve, whether the gods your ancestors served beyond the Euphrates, or the gods of the Amorites, in whose land you are living. But as for me and my household, we will serve the LORD." (Jos 24:15 NIV)

기도문   주님, 하나님만 섬기는 가정을 이루게 하셔서 저의 가정이 주님만 사랑하 며 섬기며, 하나님나라의 확장을 위해 헌신하는 가정이 되게 하소서.

17일차 장래와 미래를 위해 주님의 계획을 따르도록

본문 잠언 19:20-21

20 너는 권고를 들으며 훈계를 받으라 그리하면 네가 필경은 지혜롭게 되리라
21 사람의 마음에는 많은 계획이 있어도 오직 여호와의 뜻만이 완전히 서리라(잠 19:20-21)

20 Listen to advice and accept discipline, and at the end you will be counted among the wise.
21 Many are the plans in a person's heart, but it is the LORD's purpose that prevails. (Pr 19:20-21 NIV)

기도문 주님, 겸손히 주님의 권고와 훈계를 받게 하시고, 제 인생의 모든 계획이 주님의 뜻에 따라 이루어지며, 주님께서 정하신 길을 걸어가게 하소서.

18일차 하나님의 인도하심을 신뢰하도록

본문 시편 37:5-7

5 네 길을 여호와께 맡기라 그를 의지하면 그가 이루시고
6 네 의를 빛 같이 나타내시며 네 공의를 정오의 빛 같이 하시리로다
7 여호와 앞에 잠잠하고 참고 기다리라 자기 길이 형통하며 악한 꾀를 이루는 자 때문에 불평하지 말지어다(시 37:5-7)

5 Commit your way to the LORD; trust in him and he will do this:
6 He will make your righteous reward shine like the dawn, your vindication like the noonday sun.
7 Be still before the LORD and wait patiently for him; do not fret when people succeed in their ways, when they carry out their wicked schemes. (Ps 37:5-7 NIV)

기도문 주님, 제 길을 주님께 맡깁니다. 주님의 때에, 주님의 방법으로 저를 인도하여주시고 나의 뜻이 아니라 주님의 뜻만이 이루어지게 하소서.

두려움 없이 미래를 맞이하도록

본문 디모데후서 1:7

하나님이 우리에게 주신 것은 두려워하는 마음이 아니요 오직 능력과 사랑과 절제하는 마음이니(딤후 1:7)

For the Spirit God gave us does not make us timid, but gives us power, love and self-discipline. (2Ti 1:7 NIV)

기도문 주님, 두려움의 영이 아닌 능력과 사랑과 절제와 분별의 영을 주셔서 제 미래를 주관하시는 주님과 동행하며 주님의 손 붙들고 살아가게 하소서.

20일차 **하나님의 비전을 품고 나아가도록**

본문 하박국 2:3

이 묵시는 정한 때가 있나니 그 종말이 속히 이르겠고 결코 거짓되지 아니하리라 비록 더딜지라도 기다리라 지체되지 않고 반드시 응하리라(합 2:3)

For the revelation awaits an appointed time; it speaks of the end and will not prove false. Though it linger, wait for it; it will certainly come and will not delay. (Hab 2:3 NIV)

기도문 주님, 주님께서 예비하신 계시와 계획이 하나님의 때에 하나님의 섭리적 손길을 통해 이루어지게 하소서. 내 삶이 하나님의 이야기와 계획 가운데 있음을 마음에 품고, 인내하며 그 날을 기다리며 나아가게 하소서.

하나님의 영광을 위해 살도록

본문 고린도전서 10:31-33

31 그런즉 너희가 먹든지 마시든지 무엇을 하든지 다 하나님의 영광을 위하여 하라

32 유대인에게나 헬라인에게나 하나님의 교회에나 거치는 자가 되지 말고

33 나와 같이 모든 일에 모든 사람을 기쁘게 하여 자신의 유익을 구하지 아니하고 많은 사람의 유익을 구하여 그들로 구원을 받게 하라(고전 10:31-33)

31 So whether you eat or drink or whatever you do, do it all for the glory of God.

32 Do not cause anyone to stumble, whether Jews, Greeks or the church of God-

33 even as I try to please everyone in every way. For I am not seeking my own good but the good of many, so that they may be saved. (1Co 10:31-33 NIV)

기도문 하나님, 제 모든 삶이 무엇을 하든지 오직 주님의 영광을 위해 드려지는 살아 있는 예배가 되게 하시고, 또한 제 모든 삶이 사람에게도 유익이 되게 하셔서, 주님께서 기뻐하시는 삶을 살게 하소서.

성공적인 금식과 기도를 위한 7가지 기본 단계 [3]

빌 브라이트 박사(Dr. Bill Bright) [4]

저는 기도와 관련된 금식의 힘이 우리 주님께서 악의 요새를 파괴하고 전 세계에 큰 부흥과 영적 수확을 가져오기 위해 우리에게 주신 영적 원자탄이라고 믿습니다.

저는 점점 더 하나님께 사랑하는 조국에 부흥을 보내달라고 간구해야 한다는 절박감에 사로잡혔습니다. 1994년 봄과 여름, 저는 하나님께서 미국의 부흥과 주님의 명령에 순종하여 지상 대명령의 성취를 위해 40일 동안 금식하며 기도하기를 원하신다는 확신이 점점 커져갔습니다.

처음에는 "이것이 정말 나를 향한 하나님의 부르심인가?"라는 의문이 들었습니다. 40일은 제대로 된 음식 없이 지내기에는 긴 시간이었습니다. 하지만 날이 갈수록 주님의 부르심은 더욱 강하고 분명해졌습니다. 마침내 저는 확신했습니다. 하나님께서 저를 금식하라고 부르셨고, 특별한 이유나 목적 없이는 그런 부르심을 내리지 않으실 거라고요. 이 확신을 가지고 저는 "주님, 제가 무엇을 하기를 원하십니까?"라고 기도하며 가슴에 설렘과 기대감을 품고 금식에 들어갔습니다.

저는 그토록 긴 금식은 미국과 교회의 죄의 크기 때문에 하나님의 주권적인 부르심이

---

3 오래 전에 작성된 아티클이지만, 여전히 금식에 관하여 많은 그리스도인들에게 유익을 주는 글입니다. 다음의 사이트에서 참고하여 일부 내용을 발췌하여 번역하였습니다. 자세한 내용은 아래 사이트를 참고하시기 바랍니다. https://www.cru.org/us/en/train-and-grow/spiritual-growth/fasting/7-steps-to-fasting.1.html

4 빌 브라이트 박사(Dr. Bill Bright, 1921-2003). C.C.C 대학생선교회 창시자로서 전 생애를 통해 예수 그리스도를 전하고자 하였고 성령님과 동행하는 삶을 통해 모든 그리스도인들이 능력 있는 삶을 살아가도록 돕는 일에 헌신하였다.

었다고 믿습니다. 주님은 이 세대에 지상명령의 성취를 앞당겨야 한다는 긴급한 필요성과 함께 제 마음에 그 사실을 각인시켜 주셨습니다. 금식을 시작할 때만 해도 40일 동안 계속할 수 있을지 확신이 없었습니다. 하지만 저는 주님께서 저를 도와주실 거라는 확신이 있었습니다. 매일 주님의 임재가 계속할 수 있도록 용기를 주셨습니다. 금식 기간이 길어질수록 주님의 임재를 더 많이 느꼈습니다. 성령께서 제 영혼과 정신을 새롭게 하셨고, 전에는 거의 경험하지 못했던 주님의 기쁨을 경험했습니다. 성경의 진리가 하나님의 말씀 페이지에서 저를 덮쳤습니다. 제 자신을 낮추고 하나님께 부르짖으며 그분의 임재 안에서 기뻐하는 동안 제 믿음은 치솟았습니다.

제 인생에서 가장 중요한 40일이 되었습니다. 제가 주님을 기다리는 동안 성령께서는 2000년이 끝나기 전에 미국과 많은 세계가 큰 영적 각성을 경험하게 될 것이라는 확신을 주셨습니다. 하늘로부터의 이 신성한 방문은 교회 역사상 가장 큰 영적 추수를 불러일으킬 것입니다. 그러나 하나님께서 부흥의 권능으로 오시기 전에 성령께서는 역대하 7장 14절의 정신으로 회개하고 금식하며 기도하도록 수백만 명의 하나님의 백성을 부르실 것입니다.

내 이름으로 일컫는 나의 백성이 스스로 겸손해져서, 기도하며 나를 찾고, 악한 길에서 떠나면, 내가 하늘에서 듣고 그 죄를 용서하여 주며, 그 땅을 다시 번영시켜 주겠다.
대하 7:14 새번역

이 부흥의 범위는 미국과 전 세계의 신자들이 이 부르심에 어떻게 응답하느냐에 달려 있습니다. 저는 50년 동안 하나님의 말씀을 연구하고 그분의 음성을 들어왔으며, 그분의 메시지는 이보다 더 분명할 수 없었습니다. 이 편리한 참고 가이드인 "성공적인 금식과 기도를 위한 7가지 기본 단계"는 주님과 함께하는 시간을 더욱 영적으로 보람 있게 만드는 데 도움이 될 것입니다. 금식을 시작하는 방법, 금식하는 동안 해야 할 일, 금식을 올바르게 끝내는 방법에 대해 쉽게 따라 할 수 있는 제안을 담고 있으므로 금식하는 동안 이 안내서를 가지고 다니며 자주 참조하시기 바랍니다.

1단계   금식의 목표 설정하기

금식하는 이유는 무엇인가요? 영적 쇄신을 위해서인가요? 인도를 받기 위해서? 치유를 위해? 문제 해결을 위해? 어려운 상황을 처리할 수 있는 특별한 은혜를 받기 위해서인가요? 성령님께 이 시간을 통해 무엇을 얻기를 원하는지 명확히 기도해 보세요. 이렇게 하면 더 구체적이고 전략적으로 기도할 수 있습니다.

금식과 기도를 통해 하나님 앞에서 자신을 낮추면 역대하 7장 14절에 따라 성령께서 우리의 영혼을 감동시키고 교회를 깨우며 이 땅을 치유해 주실 것입니다. 금식 기간 동안 이를 우선순위로 삼으세요.

2단계 금식에 전념하기

어떤 종류의 금식을 해야 할지 기도하세요. 예수님은 모든 제자들이 금식해야 한다고 암시하셨습니다(마태복음 6:16-18, 9:14-15). 그분께는 금식을 하느냐 마느냐의 문제가 아니라 '언제(when)' 하느냐의 문제였습니다. 금식하기 전에 다음 사항을 결정하세요.

- 한 끼, 하루, 일주일, 몇 주, 40일 등 얼마나 오래 금식할 것인지 결정하세요. (천천히 시작하여 금식 기간을 늘릴 수 있습니다.)
- 물만 먹거나 물과 주스만 먹는 등 하나님께서 원하시는 금식의 유형과 어떤 종류의 주스를 얼마나 자주 마실지 결정합니다.
- 어떤 신체적 또는 사회적 활동을 제한할 것인지.
- 매일 기도와 하나님의 말씀에 얼마나 많은 시간을 할애할 것인지. 이러한 약속을 미리 정하고, 이를 적어두고 신뢰할 수 있는 사람과 공유하세요. 이렇게 하면 육체적 유혹과 삶의 압박이 금식을 포기하도록 유혹할 때 금식을 유지하는 데 도움이 됩니다.

3단계 영적으로 준비하기

금식과 기도의 기초는 회개입니다. 고백하지 않은 죄는 기도를 방해합니다. 다음은 마음을 준비하기 위해 할 수 있는 몇 가지 방법입니다.

- 하나님께 자신의 죄에 대한 포괄적인 목록을 작성할 수 있도록 도와달라고 기도하세요.
- 성령께서 생각나게 하시는 모든 죄를 고백하고 하나님의 용서를 받아들입니다(요일 1:9).
- 기분을 상하게 한 사람에게 용서를 구하고 상처를 준 사람을 용서하세요(막 11:25; 눅 11:4, 17:3-4).
- 성령의 인도하심에 따라 사람들과 화해하세요.
- 에베소서 5장 18절의 명령과 요한일서 5장 14~15절의 약속에 따라 성령으로 충만하게 해달라고 하나님께 간구하세요.
- 여러분의 삶을 주님이시며 스승이신 예수 그리스도께 온전히 내어드리고 세상적인 본성에 순종하기를 거부하세요(로마서 12:1-2).
- 하나님의 사랑, 주권, 능력, 지혜, 신실하심, 은혜, 동정심 등 하나님의 속성을 묵상하세요(시 48:9-10, 103:1-8,11-13).
- 기대하는 마음으로 금식과 기도의 시간을 시작하세요(히브리서 11:6).
- 영적인 대적을 과소평가하지 마세요. 사탄은 때때로 육체와 영 사이의 자연스러운 싸움을 강화시킵니다 (갈라디아서 5:16-17).

4단계 신체적으로 준비하기

금식에는 합리적인 예방 조치가 필요합니다. 특히 처방약을 복용 중이거나 만성 질환이 있는 경우 의사와 먼저 상담하세요. 어떤 사람들은 전문가의 감독 없이 금식을 해서는 안 됩니다.
신체적으로 준비하면 식습관의 급격한 변화를 조금 더 쉽게 받아들일 수 있으므로 기도하면서 주님께 온전히 집중할 수 있습니다. 다음 사항을 기억하세요.

- 금식을 서두르지 마세요.
- 몸을 준비하세요. 금식을 시작하기 전에 소량의 식사를 합니다. 고지방 및 단 음식을 피하세요.
- 금식을 시작하기 전 이틀 동안 생과일과 생채소를 섭취하세요.

금식과 기도의 시간이 왔습니다. 여러분은 모든 고형 음식을 절제하고 주님을 찾기 시작했습니다. 다음은 고려해야 할 몇 가지 유용한 제안입니다.

- 신체 활동을 제한하세요.
- 운동은 적당히만 합니다. 편리하고 편하다면 매일 1~3마일을 걷습니다.
- 조급함, 초조함, 불안감 등 일시적인 정신적 불편함에 대비하세요.
- 특히 둘째 날에는 약간의 신체적 불편함을 예상하세요. 일시적인 배고픔이나 어지러움을 느낄 수 있습니다. 카페인과 설탕 금단 증상으로 두통이 발생할 수 있습니다. 또한 쇠약감, 피로감, 불면증 등의 신체적 불편함이 나타날 수 있습니다.

보통 처음 2~3일이 가장 힘든 시기입니다. 금식을 계속하면 육체적으로나 정신적으로 건강해지는 느낌을 받을 수 있습니다. 하지만 공복감이 느껴진다면 수분 섭취량을 늘리세요.

샘플 일정

영적 유익을 극대화하려면 주님과 단둘이 있는 시간을 충분히 확보하세요. 그분의 인도하심에 귀를 기울이세요. 주님과 함께 보내는 시간이 많을수록 금식은 더 의미 있는 시간이 될 것입니다.

아침
- 찬양과 경배로 하루를 시작하세요.
- 가급적 무릎을 꿇고 하나님의 말씀을 읽고 묵상하세요.
- 빌립보서 2장 13절에 따라 성령께서 여러분 안에서 역사하셔서 그분의 선하신 뜻을 행하게 해달라고 기도하세요.
- 하나님께서 여러분을 사용하시도록 기도하세요. 세상, 가족, 교회, 지역사회, 국가, 그리고 그 너머에 어떻게 영향을 미칠 수 있는지 보여 달

라고 기도하세요.
- 여러분의 삶에 대한 하나님의 비전과 그분의 뜻을 행할 수 있는 힘을 달라고 기도하세요.

- 기도와 하나님의 말씀으로 돌아가세요.
- 짧은 기도 산책을 합니다.
- 지역사회와 국가의 지도자, 전 세계의 미전도 종족, 가족 또는 특별한 도움이 필요한 사람들을 위해 중보기도하는 시간을 가져보세요.

- 혼자서 "그분의 얼굴을 구하는" 느긋한 시간을 가져보세요.
- 함께 금식하는 사람이 있다면 함께 모여 기도합니다.
- TV나 영적 집중력을 약화시킬 수 있는 다른 방해 요소를 피하세요.

가능하면 하루의 시작과 끝을 무릎을 꿇고 하나님께 찬양과 감사를 드리는 짧은 시간으로 시작하세요. 식습관도 중요합니다. 영양학자이자 목회자이며 금식과 기도 전문가인 훌리오 루이발(Julio C. Ruibal) 박사가 유용하고 만족스러운 주스 목록과 일일 일정을 제안합니다. 자신의 상황과 취향에 맞게 이 일정과 섭취하는 음료를 수정하세요.

오전 5시 – 오전 8시
과일 주스(산성 과일인 경우 갓 짜거나 믹서기에 갈아서 50% 증류수에 희석한 것이 좋습니다). 사과, 배, 자몽, 파파야, 수박 또는 기타 과일 주스가 일반적으로 선호됩니다. 직접 주스를 만들 수 없다면 설탕이나 첨가물이 없는 주스를 구입하세요.

오전 10시 30분 – 오후 12시
양상추, 셀러리, 당근을 3등분하여 만든 신선한 야채 주스.

오후 2시 30분 – 오후 4시
꿀 한 방울을 넣은 허브차. 홍차나 카페인이 함유된 차는 피하세요.

오후 6시 – 오후 8시 30분

감자, 셀러리, 당근을 소금 없이 끓여서 만든 국물. 30분 정도 끓인 후 물을 용기에 붓고 마십니다.

주스 단식에 대한 팁

과일 주스를 마시면 배고픔을 줄이고 천연 당 에너지를 얻을 수 있습니다. 맛과 기분 전환은 계속할 수 있도록 동기를 부여하고 힘을 실어줄 것입니다.

가장 좋은 주스는 신선한 수박, 레몬, 포도, 사과, 양배추, 비트, 당근, 셀러리 또는 잎이 많은 녹색 채소로 만든 주스입니다. 추운 날씨에는 따뜻한 야채 국물을 즐길 수 있습니다.

위장을 위해 산성 주스(오렌지, 토마토)를 물과 섞어 마셔도 좋습니다.

카페인 음료를 피하세요. 입 냄새가 심하더라도 껌이나 민트를 씹지 마세요. 껌이나 민트는 위장의 소화 작용을 자극합니다.

6단계　점진적으로 금식 중단하기

지정된 금식 시간이 끝나면 다시 식사를 시작하게 됩니다. 그러나 금식을 어떻게 깨는지는 육체적, 영적 건강에 매우 중요합니다.

서서히 식사를 시작하세요. 금식 직후에는 단단한 음식을 먹지 마세요. 위와 소화관에 갑자기 고형 음식을 다시 도입하면 부정적이고 심지어 위험한 결과를 초래할 수 있습니다. 매일 소량의 식사나 간식을 여러 번 시도하세요. 금식을 서서히 끝내면 신체적, 정신적으로 유익한 효과를 얻을 수 있어 건강이 계속 유지됩니다.

다음은 금식을 올바르게 종료하는 데 도움이 되는 몇 가지 제안입니다.

- 수박과 같은 과일로 장기간의 물 단식을 깨세요.
- 과일이나 채소 주스를 계속 마시면서 다음 사항을 추가하세요.
- 첫 날 : 생 샐러드를 추가합니다.
- 둘째 날 : 버터나 조미료 없이 구운 감자 또는 삶은 감자를 추가합니다.

- 셋째 날 : 찐 야채를 추가합니다.
- 그 이후 : 정상적인 식단을 다시 시작하세요.

처음 며칠 동안은 작은 간식 몇 가지를 곁들여 서서히 일반 식사로 돌아가세요. 약간의 수프와 수박, 멜론과 같은 신선한 과일로 시작하세요. 생과일과 채소 또는 생 샐러드와 구운 감자와 같은 고형 식품으로 발전시키세요.

금식의 결과 기대하기

금식은 주님 앞에서 진심으로 자신을 낮추는 것입니다. 금식은 회개하고 기도하며 하나님의 얼굴을 구하고 그분의 말씀을 묵상하는 시간을 제공합니다. 그렇게 할 때 주님의 임재에 대한 인식이 높아지는 것을 경험하게 될 것입니다(요한복음 14:21).

주님은 여러분에게 새로운 영적 통찰력을 주실 것입니다. 하나님에 대한 신뢰와 믿음이 강화될 것입니다. 정신적, 영적, 육체적으로 상쾌함을 느낄 것입니다. 기도에 대한 응답을 보게 될 것입니다.

하지만 단 한 번의 금식이 영적 만병통치약은 아닙니다. 매일 새로운 성령의 충만함이 필요한 것처럼, 우리도 하나님 앞에서 새로운 금식의 시간이 필요합니다. 매주 24시간 금식은 많은 크리스천에게 큰 보람을 가져다주었습니다.

영적 금식 근육을 키우는 데는 시간이 걸립니다. 첫 금식에 실패하더라도 낙심하지 마세요. 처음에 너무 오래 금식을 시도했거나 금식에 대한 이해와 결심을 강화해야 할 필요가 있을 수 있습니다. 가능한 한 빨리 금식에 성공할 때까지 다시 금식에 도전하세요. 하나님께서는 여러분의 신실함에 대해 영광을 받으실 것입니다. 우리 가정과 교회, 사랑하는 조국과 전 세계에서 진정한 부흥을 경험할 때까지 여러분도 저와 함께 금식과 기도에 동참해 주시길 바랍니다.

다니엘 21일 금식기도

초판 1쇄 발행　2024년 12월 18일

지은이　김다위

펴낸이　여진구
책임편집　안수경 김도연
편집　이영주 박소영 최현수 구주은 김아진 정아혜
책임디자인　마영애 노지현 | 조은혜 정은혜
홍보 · 외서　신효지
마케팅　김상순 강성민　　　　　　　마케팅지원　최영배 정나영
제작　조영석 허병용　　　　　　　　경영지원　김혜경 김경희

303비전성경암송학교 유니게 과정
이슬비전도학교 / 303비전성경암송학교 / 303비전꿈나무장학회

펴낸곳　규장

주소　06770 서울시 서초구 매헌로 16길 20(양재2동) 규장선교센터
전화　02)578-0003 팩스 02)578-7332
이메일 kyujang0691@gmail.com
페이스북 facebook.com/kyujangbook　　　홈페이지 www.kyujang.com
카카오스토리 story.kakao.com/kyujangbook　인스타그램 instagram.com/kyujang_com
등록일 1978.8.14. 제1-22

ⓒ 저자와의 협약 아래 인지는 생략되었습니다.
이 출판물은 저작권법에 의해 보호를 받는 저작물이므로 무단 전재와 무단 복제를 할 수 없습니다.

책값　뒤표지에 있습니다.
ISBN　979-11-6504-584-5　03230

규 | 장 | 수 | 칙

1. 기도로 기획하고 기도로 제작한다.
2. 오직 그리스도의 성품을 사모하는 독자가 원하고 필요로 하는 책만을 출판한다.
3. 한 활자 한 문장에 온 정성을 쏟는다.
4. 성실과 정확을 생명으로 삼고 일한다.
5. 긍정적이며 적극적인 신앙과 신행일치에의 안내자의 사명을 다한다.
6. 충고와 조언을 항상 감사로 경청한다.
7. 지상목표는 문서선교에 있다.

하나님을 사랑하는 자 곧 그의 뜻대로 부르심을 입은 자들에게는 모든 것이 合力하여 善을 이루느니라(롬 8:28)

규장은 문서를 통해 복음전파와 신앙교육에 주력하는 국제적 출판사들의
협의체인 복음주의출판협회(E.C.P.A:Evangelical Christian Publishers
Association)의 출판정신에 동참하는 회원(Associate Member)입니다.